Katrin Kaiser

Die Pferdeklinik

Ein aufregendes Rennen

Schneider Buch
EGMONT

verlegt durch EGMONT Verlagsgesellschaften mbH,
Gertrudenstraße 30–36, 50667 Köln

Titelfoto: Sabine Stuewer
Umschlaggestaltung: Agentur 21, Köln
Druck und Bindung: Ebner & Spiegel, Ulm
ISBN 978-3-505-12440-2

08 09 / 8 7 6 5 4 3 2 1

1

Energisch striegelte Sarah das wollige Fell von Sascha. Einfach unglaublich, was für einen dicken Pelz sich ihr Pony inzwischen zugelegt hatte. Egal wie lange Sarah ihn mit dem Striegel bearbeitete, er wirkte nach wie vor zottelig. Und die weißen Flecken des Braunschecken blieben leider auch gelb. Sarah seufzte. Mitten im Winter konnte sie ihn wohl kaum waschen. Sie schob eine Strähne ihres widerspenstigen Haars hinters Ohr und striegelte entschlossen weiter.

Heute wollte sie sich endlich mal wieder viel Zeit für Sascha nehmen. In den letzten Wochen war er immer wieder zu kurz gekommen, weil Sarah viel in der Pferdeklinik Marienwald mitgeholfen hatte. Wenn sie danach zum Arnoldhof kam, war es oft schon dunkel.

In dieser Sekunde hörte sie, wie die Stalltür aufflog. Zusammen mit einem Schwall eisiger Luft tauchte Sarahs Freundin Jenny in der Stallgasse auf. Sie hatte rot gefrorene Wangen, aber ihre Augen blitzten über dem dicken Schal.

„Komm! Schnell, das musst du sehen!“ Sie drehte sich um und verschwand wieder nach draußen. Sarah legte den Striegel weg und folgte Jenny. Draußen strahlte die Sonne blendend hell auf die Schneelandschaft, die sich schon seit zwei Wochen hielt. In der Hofeinfahrt begrüßte Herr Arnold gerade eine hagere Frau, die aus einem Auto mit Pferdeanhänger gestiegen war. „Schön, dass Sie wieder zu uns kommen."

Sarah traute ihren Augen nicht. In dieser Sekunde kletterte ein hübsches Schimmelpony aus dem Hänger, das vorsichtig einen Huf nach dem anderen auf die Rampe setzte. Es trug karierte Transportgamaschen und eine dazu passende karierte Winterdecke. Sogar das Halfter war kariert. Frühlingsball. Geführt von Solveig. Das Mädchen hielt die Augen auf den Boden geheftet und lief mit ihrem Pony Richtung Stalltür. Ihr gemurmeltes „Hallo!" war so leise, dass man es fast nicht hören konnte. Dann verschwand sie im Stall, während Herr Arnold mit Solveigs Mutter in sein Büro ging.

Sarah und Jenny blieben alleine auf dem Hof zurück und sahen sich verblüfft an. Jenny fand als Erste ihre Sprache wieder.

„Das ist doch nicht wahr! Sag, dass es nicht wahr ist! Die kann doch nicht hier in einer Nacht- und Nebelaktion verschwinden, während wir Quarantäne im Stall haben – und dann ein paar Wochen später einfach wieder auftauchen und so tun, als ob nichts gewesen wäre!"

Sarah erinnerte sich an die schlimmen Tage im Herbst, als zwei Pferde unter rätselhaften Umständen gestorben waren. Es hatte endlos lange gedauert, bis

Dr. Wiegand und ihr Team herausgefunden hatten, warum die Pferde plötzlich aufhörten zu fressen, immer schwächer wurden und starben. Die Tierärztin hatte damals eine Quarantäne über den Arnoldhof verhängt, aber Solveig war mit ihrem Frühlingsball trotzdem in einen anderen Stall gegangen. Inzwischen wussten sie, dass die Pferde sich an einer toten Maus vergiftet hatten. Dandy, der als Letzter krank geworden war, stand inzwischen zum Glück wieder munter in seiner Box.

Und jetzt kam Solveig einfach zurück?

„Vielleicht ist das ja eine Idee von ihrer Mutter. Die hat doch damals auch den anderen Stall besorgt. Solveig kann bestimmt gar nichts dafür“, versuchte Sarah die aufgebrachte Jenny zu beruhigen. Aber die kam jetzt erst richtig in Fahrt.

„Uns lässt sie mit der Dreckarbeit hängen, den Stall durften wir ganz alleine putzen und desinfizieren. Und jetzt, wo alles wieder in Ordnung ist, spaziert die Prinzessin einfach so herein und genießt den schönen Stall. Eine echte Stallgemeinschaft – das bedeutet doch mehr, als nur mal zusammen ausreiten! Da muss man doch zusammenhalten, wenn es mal nicht so gut läuft!“

Sarah musste Jenny recht geben. „Das war damals echt nicht in Ordnung. Stell dir vor, was passiert wäre, wenn es wirklich eine ansteckende Krankheit gewesen wäre!“

Die Stalltüre öffnete sich wieder. Solveig stapfte an ihnen vorbei, holte Sattel und Zaumzeug aus dem Kofferraum und huschte damit wieder zurück in den Stall. Sie hielt dabei weiter den Blick gesenkt und wagte es nicht, Sarah oder Jenny in die Augen zu sehen.

Sarah bekam Mitleid mit dem schmalen Mädchen. Mit ihren braven Zöpfen und der Nickelbrille sah sie sowieso immer wie eine Streberin aus.

„Trotzdem: Es war ihre Mutter, die auf den Stallwechsel bestanden hat, nicht Solveig. Ich verstehe allerdings nicht, warum sie ausgerechnet zu uns zurückkommt. Sie muss doch wissen, dass wir sauer sind. Oder?“

Jenny zuckte die Schultern. Aber noch bevor sie antworten konnte, tauchte Herr Arnold mit Solveigs Mutter im Schlepptau auf. In seiner Hand hielt er einen Brief.

„Gut, dass ich euch treffe“, sagte er zu Sarah und Jenny. „Unser Reitverein St. Georg hat geschrieben. Die haben bald 50-jähriges Jubiläum und wollen das natürlich feiern. Alle Ställe, die zu St. Georg gehören, sollen etwas aufführen.“

Jenny vergaß Solveig für einen Moment. Aufgeregt bombardierte sie Herrn Arnold mit Fragen. „Was sollen wir denn aufführen? Wir können doch nicht einmal trainieren, wir haben doch gar keine Halle! Und was soll das für eine Feier werden?“

Herr Arnold lächelte. „Ich dachte an eine Quadrille.

Ob Springen oder Dressur, überlasse ich euch. Ich habe auch schon mit dem Besitzer vom Waldhof gesprochen. Ihr dürft zweimal die Woche abends in der Halle üben."

Jetzt war Jenny Feuer und Flamme. „Wir machen eine Springquadrille! Frank kann etwas mit uns einüben. Und wir müssen uns alle gleich anziehen." Sie überlegte kurz. „Vielleicht passend zum Winter mit weißen Hosen und einer blauen Jacke? Hellblaue Satteldecken würden gut dazu aussehen. Wir könnten kleine Wattebällchen wie Schneeflocken in die Mähne flechten …"

Sarah unterbrach den Redeschwall ihrer Freundin. „Stopp mal, Jenny." Sie wandte sich an den Stallbesitzer, der über Jennys Begeisterung lachte. „Bis wann müssen wir denn was einstudiert haben? Und wie soll das Jubiläum gefeiert werden? Einfach mit Aufführungen, oder ist das ein Wettbewerb? Und wer soll bei der Quadrille alles mitmachen?"

Herr Arnold winkte ab. „Nein, das ist kein Wettbewerb. Aber es kommen natürlich alle Mitglieder von St. Georg, und es wird sicher auch ein Bericht in der Zeitung erscheinen. Ich fände es schön, wenn ihr beide alles organisiert. Die Mitstreiter für eure Quadrille könnt ihr selber auswählen. Der Termin …" Er sah noch einmal in den Brief und runzelte die Stirn, „… ist in fünf Wochen." Fragend sah er die beiden Mädchen an. „Reicht euch das? Wollt ihr das machen?"

Jenny nickte begeistert. Sarah zögerte. Ob sie das alles schaffen würde – zweimal Training für die Quadrille, die Schule, die Klinik?

Jenny knuffte sie in die Seite. „Was ist, Sarah? Bist du dabei? Das wird ein Riesenspaß!"

Jetzt mischte sich auch Frau Geisler ein. „Meine Solveig würde da auch gerne mitmachen! Sie hat in den letzten Wochen fleißig geübt, jetzt kann sie sicher mit euch mithalten!"

Jennys Begeisterung bekam einen kurzfristigen Dämpfer. Sie drehte sich zu Frau Geisler um. „Wenn Solveig so viel gelernt hat in dem anderen Stall – warum ist sie denn dann wiedergekommen?"

Frau Geisler schien den säuerlichen Unterton in Jennys Stimme nicht zu bemerken. Sie lächelte. „Solveig hat sich hier viel wohler gefühlt. Sie wollte von Anfang an nicht gehen und lag mir ständig in den Ohren, dass es am Arnoldhof viel besser ist. Deswegen habe ich jetzt nachgegeben."

Herr Arnold kannte Jenny und ihr hitziges Temperament. Er legte ihr die Hand auf die Schulter. „Jenny, du bist viel älter als Solveig. Sei nett zu ihr. Wir hatten doch damals alle nur Angst um unsere Pferde!"

Zögernd nickte Jenny. Richtig überzeugt war sie nicht.

Der Stallbesitzer lächelte ihr aufmunternd zu. „Ihr könnt gleich heute anfangen. Ich habe für heute Nachmittag die Halle am Waldhof eine Stunde für euch reserviert. Wenn ihr wollt, könnt ihr heute schon erste Ideen ausprobieren."

Jennys Begeisterung gewann wieder die Oberhand. „Das machen wir. Mal sehen, wer heute Zeit hat." Sie sah Sarah an. „Du machst mit, oder?"

„Klar", sagte Sarah. Und hatte sofort ein schlechtes Gewissen. „Ich muss nur noch kurz mit Ben telefonieren. Ich wollte heute Nachmittag eigentlich zur Bandprobe."

Jenny rollte mit den Augen. „Dein Ben wird wohl einen Nachmittag ohne dich auskommen!"

„Das ist nicht *mein* Ben!" Es klang schärfer, als Sarah beabsichtigt hatte. Seit dem Herbst zog Jenny sie mit Ben auf. Dabei wusste Sarah selber nicht so genau, was das zwischen ihr und Ben war. Manchmal verstand sie sich toll mit ihm, und dann war er wieder so merkwürdig und abweisend …

Aber Jenny ging nicht weiter darauf ein. „Ich muss unbedingt Frank anrufen. Hoffentlich hat er heute Zeit. Wer würde noch in die Quadrille passen? Anna sowieso …"

„Und Solveig!", unterbrach Solveigs Mutter sie.

Jenny stockte kurz, dann rang sie sich ein Lächeln ab. „Und Solveig. Ich gehe mal in den Stall und schaue, wer noch da ist."

Drei Stunden später brachen acht Pferde und Ponys vom Arnoldhof auf. Neben Sarah, Jenny, Solveig und

Anna hatten sich vier Reiterinnen gefunden, die noch am gleichen Nachmittag mit dem Training anfangen konnten. Alle waren dick eingepackt. Sarah hatte sich einen langen grauen Schal so um den Hals gewickelt, dass nur noch ihre Augen zu sehen waren. Ben hatte sie nicht erreicht – aber immerhin hatte sie ihm eine SMS geschickt, damit er nicht auf sie wartete.

Die Pferde und Ponys schnaubten, ihr Atem stand in dicken Wolken in der kalten Luft.

Jenny war immer noch mit den Kostümen für die Quadrille beschäftigt.

„Oder sollten wir wie Schneeflocken aussehen? Wir ziehen uns ganz weiß an und machen einen weißen Überzug über die Reitkappe."

Sarah schielte nach unten auf die hellen Flecken in Saschas Fell. Die waren immer noch gelb, das Striegeln hatte nichts geholfen. Sie verzog ihr Gesicht. „Auf meine Schneeflocke hat leider schon ein Hund gepinkelt …"

Alle kicherten. Nach einem flotten Trab durch den Schnee hatten sie auch schon den Waldhof erreicht. In der Reithalle wartete Frank auf die Mädchen. Er hatte vier Hindernisse zu einem Kreuz in der Hallenmitte aufgebaut – so standen auf jeder Diagonale zwei Sprünge nebeneinander.

„Reitet eure Pferde warm, dann überlegen wir mal, was wir so schnell auf die Beine stellen können."

Wenig später bildeten sie eine Abteilung. Zuerst

sollten sie einfach nur hintereinander galoppieren. Eine halbe Runde ging das in der großen Halle auch gut. Bis eine schmale Fuchsstute plötzlich ihren Kopf hochwarf und an allen vorbeigaloppierte. Für Jennys Lavinia war dies das Signal, auf das sie gewartet hatte. Sie sprang mit einem Satz zur Seite. Jenny hing hilflos an ihrem Hals, als Lavinia ordentlich Gas gab und versuchte, die Fuchsstute einzuholen. In der Ecke plumpste Jenny wenig elegant auf den Hallenboden, während Lavinia fröhlich auskeilend ihre Freiheit genoss. Jetzt wurden auch die anderen Pferde nervös. Die Fuchsstute bog auf die Diagonale ab und sprang über einen der kleinen Sprünge. Ihre Reiterin hielt sich nur mit Mühe im Sattel.

„Alle in die Mitte reiten und absteigen!“, brüllte Frank und rannte zu Jenny, um nachzusehen, ob ihr etwas passiert war. Zu dem Mädchen auf der Fuchsstute, die immer noch über den Hufschlag preschte, brüllte er: „Aufrichten! Hände tief! Oben bleiben! Versuch, einen Zirkel zu reiten!“

Sarah war froh, dass Sascha so schnell nichts aus der Ruhe brachte. Er sah zwar mit gespitzten Ohren und hocherhobenem Kopf der buckelnden Lavinia und der tobenden Fuchsstute zu, aber er blieb brav. Trotzdem stieg Sarah auf der Mittellinie schnell ab und streichelte ihrem Pony beruhigend über die Nase.

Jenny war zum Glück nichts passiert. Sie lief zu Sarah hinüber und klopfte sich den Sand von Pulli und

Reithose. Ihre Begeisterung für die Quadrille hatte einen kleinen Dämpfer bekommen. „Puh, das fängt ja gut an!“

Allmählich bekam das Mädchen auf der Fuchsstute ihr Pferd in den Griff. Sarah überlegte, wie die beiden hießen – sie hatte sie bis jetzt nur selten im Stall gesehen. Das Mädchen hatte ihr Pferd jetzt endlich auf einen Zirkel gelenkt.

„Und jetzt den Zirkel langsam verkleinern!“, befahl Frank. „Ja, so ist es richtig. Wenn sie jetzt in Trab fällt, lob sie. Richtig – und jetzt pariere sie zum Schritt. Und haaaaalt. Lob sie. Immerhin hat sie jetzt das gemacht, was du von ihr wolltest. Versuche, sie ein paar Schritte rückwärts zu richten.“

Das Mädchen richtete sich auf und gab eine energische Hilfe. Die Stute legte zwar die Ohren an, aber sie trat willig ein paar Schritte zurück.

Frank nickte anerkennend. „Das war gut, jetzt lobe sie noch einmal.“

Das Mädchen sah ihn verzweifelt an. „Das macht sie sonst nie!“

Frank fing an zu lachen. „Der häufigste Satz aller Reiter und Hundebesitzer ... Wie klappt es denn im Gelände?“

„Da ist Lady ganz brav. Sie will nur immer vorne gehen, dann macht sie überhaupt nichts.“

Frank wandte sich an alle anderen. „Steigt bitte wieder auf. Ihr bildet jetzt noch einmal eine Abteilung auf dem Hufschlag. Und zwar diesmal mit Lady an der Spitze. Dann versuchen wir es noch einmal."

Diesmal blieb es friedlich, als sie angaloppierten. Sie drehten ein paar Runden, immer einer hinter dem anderen. Frank machte aus einem der Sprünge ein Kreuz.

„Jetzt vergrößert eure Abstände. Dann galoppiert ihr hintereinander über das Kreuz. Verändert das Tempo nicht! Bei so einem winzigen Sprung machen eure Pferde nur einen großen Galoppsprung, sonst nichts. Bleibt ruhig …"

Er hatte noch nicht zu Ende gesprochen, als Solveigs Frühlingsball den Sprung sah und sofort schneller wurde. Zum Glück war Saschas breite Rückseite vor ihm und bremste Frühlingsball aus. Solveig sprang direkt hinter Sarah, und sie hörten Franks mahnende Stimme. „Das ist viel zu eng! Was ist, wenn Sascha doch mal einen kleinen Seitensprung macht? Dann hast du keine Zeit zu reagieren, Solveig!"

Solveig nickte und zerrte verbissen an Frühlingsballs Zügeln. Frank wurde lauter. „Das ist falsch, Solveig. Wenn er sich festbeißt, verlierst du diesen Kampf. Du musst immer wieder nachgeben und neu annehmen, sonst wird Frühlingsball nie ruhiger!"

Die Stunde verging wie im Flug. Die Ponys und Pferde dampften in ihrem Winterfell, und die Mädchen hatten ihre dicken Jacken und Schals längst über die Bande gelegt. Selbst Frank war ins Schwitzen geraten, während er versuchte, die acht Pferde und Ponys in verschiedene Richtungen zu dirigieren.

Zum Schluss rief er noch einmal alle zu sich. „Für heute reicht es. Aber wenn wir in fünf Wochen wirklich etwas vorführen wollen, dann dürfen wir keine einzige Trainingsstunde ausfallen lassen. Ist das klar? Ich stelle mich hier nicht vor Publikum hin und mache mich zum Affen mit einer Horde wild gewordener Pferde und Ponys."

Sarah, Jenny und die anderen nickten betreten. So schwierig hatten sie sich das nicht vorgestellt. Aber Frank war noch nicht fertig.

„Habt ihr Abschwitzdecken dabei? Ihr könnt jetzt nicht mit den verschwitzten Pferden nach Hause reiten!"

Wieder warfen sich die acht schuldbewusste Blicke zu. An Abschwitzdecken hatte keine von ihnen gedacht.

Frank zuckte mit den Schultern. „Dann schlage ich vor, dass ihr die Pferde in der Halle trockenreitet. Hier zieht es wenigstens nicht." Er wandte sich zum Gehen. „Wir sehen uns dann am Dienstagabend wieder. Denkt an die Abschwitzdecken – und wenn ihr reflektierende Gamaschen oder so etwas habt, bringt sie mit. Es wird sicher dämmrig, bis ihr nach Hause reitet."

Es dauerte fast eine Stunde, bis endlich alle acht Pferde trocken waren und sie zurück zum Arnoldhof reiten konnten. Die Stimmung war jetzt schon sehr viel gedämpfter. Keine von ihnen hatte geahnt, wie schwierig es war, eine ordentliche Springquadrille einzuüben.

Am Arnoldhof sattelten sie ab, bürsteten das schweißverklebte Fell ihrer Pferde aus und machten sich müde auf den Nachhauseweg.

Jenny winkte Sarah zum Abschied zu. „Kommst du morgen?"

Sarah schüttelte den Kopf. „Nein, da bin ich mit Dr. Wiegand unterwegs. Sie hat Dienst auf der Trabrennbahn, das wird spannend. Da war ich noch nie!"

Jenny zog eine Grimasse. „Ich finde Pferde, die nur traben dürfen, ja irgendwie merkwürdig. Aber ich bin gespannt, was du erzählst!" Damit schwang sie sich auf ihr Rad und fuhr los.

Sarah sah auf ihr Handy. Jetzt lohnte es sich eigentlich nicht mehr, zu Bens Probenraum zu radeln. Und Ben hatte auch nicht auf ihre SMS geantwortet. Sie zuckte mit den Schultern. Dann konnte sie auch nach Hause und sich in die heiße Badewanne legen.

2 Aufordernd hielt Dr. Wiegand die Tür ihres Kombis auf. „Wir müssen los! Das erste Rennen startet in einer guten Stunde!"

Sarah sprang auf den Beifahrersitz und schnallte sich an. Die Trabrennbahn war nur wenige Kilometer entfernt, aber die Chefin der Marienwaldklinik trat trotzdem kräftig aufs Gaspedal. „Was machen wir eigentlich an so einem Renntag?", fragte Sarah.

„Warte ab." Dr. Wiegand lächelte. „An einem normalen Tag haben wir nicht viel zu tun. Ich möchte nur, dass du die Abläufe auf der Rennbahn kennenlernst. Schließlich haben wir fast jedes Wochenende Rennbahndienst, da solltest du wissen, was dich erwartet."

Wenige Minuten später erreichten sie die Anlage. Hinter einer Absperrung konnte man direkt auf das sandige Oval sehen. Zwei Pferde trabten in hohem Tempo am inneren Zaun der Rennbahn entlang.

Sarah erschrak. „Sind wir zu spät? Die laufen ja schon!"

„Die wärmen sich nur auf!", beruhigte die Tierärztin ihre Assistentin. „Die Rennfahrer nennen das ‚Heat'. Ein bis zwei Stunden vor dem eigentlichen

Start werden die Pferde schon mal ein paar Runden getrabt."

Sarah sah fasziniert aus dem Autofenster. „Unglaublich, wie schnell die traben können!"

Dr. Wiegand warf einen kurzen Blick auf die Rennbahn und lachte. „Das ist nicht schnell! Du wirst dich wundern, wie schnell die im Rennen sind. Das, was du hier siehst, ist nur ein leichtes Aufwärmen."

Sie erreichten einen Schlagbaum, der den Weg zu den Stallungen hinter der Rennbahn abtrennte. Ein älterer Mann in dicker Daunenjacke sah kurz in den Kombi und öffnete dann den Schlagbaum. „Tag, Frau Doktor!", rief er, während er sie durchwinkte.

Die Tierärztin lenkte ihren Wagen an einigen offenen Stalltüren vorbei, bis sie vor einem verschlossenen Holztor parkte. Während sie das Tor öffnete, erklärte sie: „Das hier ist unser Aufenthaltsraum, hier sind auch die Dopingboxen. Die Rennleitung bestimmt an jedem Renntag ein paar Pferde, die wir auf Doping testen sollen. Das muss nicht immer der Sieger sein, und es wird auch nicht bei jedem Rennen getestet. Aber das wirst du heute noch erleben."

Sarah sah sich um. Die Boxen mit ihrer schneeweißen Späne-Einstreu sahen auch nicht anders aus als die Boxen auf dem Arnoldhof oder der Marienwaldklinik. Daneben war ein kleines Zimmer mit einer bunten Ansammlung von alten Stühlen, einer abgeschabten Couch mit einer bunten Decke, einem kleinen Schreibtisch – und einem Fernseher, der in der Ecke auf einem kleinen Schränkchen stand.

Die Tierärztin bemerkte ihren fragenden Blick. „Bei schlechtem Wetter können wir die Rennen hier im Trockenen ansehen. Das ist ziemlich praktisch, die Sonne scheint nicht immer so wie heute!"

Durch das kleine Fenster des Büros konnte man einen kleinen Ausschnitt der Rennbahn sehen. Der Boden war sandig und bot auch an einem frostigen Tag wie heute perfekten Halt für die trommelnden Hufe der vorbeitrabenden Rennpferde.

Frau Wiegand griff nach einem kleinen Kästchen. „Als Erstes müssen wir heute vor einem Qualifikationsrennen ein paar Pferde identifizieren. In so einem Rennen starten Pferde, die erst einmal eine Mindestzeit traben müssen, um überhaupt für die Rennbahn zugelassen zu werden. Das wird von allen Pferden verlangt, die noch nie Rennen gelaufen sind – oder mehr als ein halbes Jahr nicht mehr gelaufen sind. Die meisten Pferde kennt die Rennleitung nicht. Es ist unser Job, zu überprüfen, ob hier auch wirklich die Tiere starten, die gemeldet worden sind."

Sarah deutete auf das Kästchen. „Und was ist das?"

„Damit lesen wir die Chips. Traber werden nicht gebrannt, sondern gechipt. Ihnen wird zur Wiedererkennung ein kleiner Mikrochip unter die Haut gepflanzt. So gibt es keine Verwechslungsmöglichkeiten. Komm mit, dann siehst du die Paddocks."

„Paddocks?“ Sarah folgte der Tierärztin.

„So nennt man die Stallungen, in denen sich die Pferde vor und nach den Rennen aufhalten. Nicht alle sind hier auf der Rennbahn zu Hause, viele wurden erst heute Morgen gebracht. In den Paddocks bleiben sie den Tag über, bevor es nach den Rennen wieder in ihre Heimatställe zurückgeht.“

Im Schlepptau von Dr. Wiegand betrat Sarah den ersten dieser Ställe. Unauffällig sah sie in eine Box auf der linken Seite. Hier stand ein verschwitzter kleiner brauner Wallach, der an beiden Seiten angebunden war.

„Warum ist der angebunden?“, fragte sie leise.

„Er hat seinen Heat schon hinter sich und soll sich vor dem Rennen nicht wälzen“, erklärte die Tierärztin, während sie einer nervösen dunkelbraunen Stute das Lesegerät für den Chip an den Hals hielt. Dann sah sie auf eine Liste. „In Ordnung, das ist Liebeslied.“ Sie sah sich um und entdeckte in einer Ecke einen auffallenden Hellbraunen mit einer breiten Blesse und vier hochweißen Beinen. „Bei dem kann ich mir die Sache mit dem Chip eigentlich sparen – der war schon einmal bei uns in der Klinik!“ Sie überprüfte den Chip, während der Hellbraune eingespannt wurde.

Sarah sah verwirrt auf die Unmenge Leinen und Riemen, mit denen der Sulky am Geschirr festgeschnallt wurde. „Verliert man da nicht den Überblick?“

Der Fahrer lachte und zeigte dabei eine Zahnlücke. Um seine Augen hatte er viele Lachfältchen. „Du bist also die neue Assistentin von unserer Doktorin. Komm, ich zeige es dir. Das sieht nur auf den ersten Blick unübersichtlich aus."

Während er den Braunen anschirrte, erklärte er die Funktion der einzelnen Riemen. Dann schob er dem Wallach ein merkwürdiges Gebiss ins Maul. Sarah deutete auf das dunkle Material. „Was ist das?"

„Das Gebiss ist mit Leder überzogen. Keine Angst, das ist nicht schlimm!" Er griff nach einem schwarzen Seidenstrumpf, schlang ihn um die Pferdezunge und machte ein ordentliches Schleifchen um den Unterkiefer.

Sarah hielt die Luft an. „Das ist doch verboten", flüsterte sie.

Der Mann zeigte noch einmal seine Zahnlücke. „Nein, ist es nicht, keine Angst, Fräulein. Das ist nur bei den Reitern verboten, nicht bei uns Fahrern."

„Aber das ist doch brutal, dem Pferd einfach die Zunge festzubinden!", beharrte Sarah.

Während der Mann sich seine Rennjacke anzog, erklärte er: „Sicher, richtig angenehm ist das nicht. Wir nehmen aber extra weiche Damenstrümpfe, da schneidet nichts ein. Und sofort nach dem Rennen kommt der Strumpf wieder weg. Aber er ist wichtig für unsere Sicherheit: Wenn die Pferde ihre Zunge über das Gebiss schieben, können wir sie nicht mehr lenken.

Dann haben wir keinen Einfluss auf das Pferd, sitzen in unseren Sulkys und können nur noch beten. Wenn wir die Zunge festbinden, kann das nicht passieren. Deswegen ist es auch erlaubt!“

Sarah wagte es nicht, noch weiter nachzubohren. Es blieb auch keine Zeit, denn der Mann setzte sich schon auf seinen Sulky, nahm die Leinen in die Hand und schnalzte leise. Der Hellbraune klapperte Richtung Rennbahn.

Dr. Wiegand winkte Sarah zu sich. „Komm, wir wollen bei dem Qualifikationsrennen zusehen.“

Sarah stellte sich neben die Tierärztin, während die Pferde auf der Rennbahn sich hinter einem Auto mit ausfaltbaren Gitterflügeln sammelten. Sie nahmen allmählich Tempo auf. Plötzlich gab der Fahrer des Autos Gas, fuhr dem Feld der Traber davon und faltete seine Flügel zusammen. Sarah suchte nach der Blesse des Hellbraunen, der in der Mitte des Feldes gestartet war. Die Pferde liefen direkt bei ihnen vorbei. Dr. Wiegand schüttelte den Kopf, als sie dem Hellbraunen auf die Beine sah. „Ich habe ihm gesagt, dass es zu früh ist“, murmelte sie. Jetzt sah Sarah es auch: Der Hellbraune lahmte. Nicht sehr stark, aber unverkennbar.

„Er muss ihn anhalten!“, sagte sie empört. „Er muss das doch merken!“

Die Tierärztin deutete auf einen Kleinbus, der auf der Innenbahn auf der Höhe der Traber fuhr. „In diesem Wagen ist die Jury. Ich kann mir nicht vorstellen, dass sie ihn lange im Rennen lassen. Sie sind auch dafür zuständig, ein Pferd zu disqualifizieren, wenn es zu lange galoppiert."

In dieser Sekunde ertönte eine Glocke, und die Tierärztin seufzte erleichtert auf. „Jetzt ist er draußen. Hast du das Pferd nicht erkannt? Es war vor ein paar Monaten bei uns in der Klinik, wegen einer Entzündung am Fesselträger. Ich habe dem Trainer gesagt, dass er ihm mehr Zeit geben muss. Aber er wollte nicht mehr warten. Jetzt ist die Karriere von dem Pferd wohl vorbei ..."

Wenig später kamen die schwer atmenden Pferde von der Rennbahn zurück. Der Fahrer des hellbraunen Wallachs sah Dr. Wiegand mit einem schiefen Lächeln an. „Da hätte ich wohl doch auf Sie hören sollen. Kommen Sie nachher vorbei?"

Die Tierärztin nickte nur. Ein anderer Fahrer hielt neben ihr an. Unter dem Helm und der Brille konnte Sarah nur ein paar schmale Lippen sehen. „Sie hat am Schluss nicht genug Luft gekriegt!"

„Aber die Qualifikation war doch kein Problem, oder?"

Der Fahrer schüttelte den Kopf. „Das reicht mir nicht. Sie ist besser als das, was sie heute gezeigt hat. Das will ich abklären lassen, bevor sie bei einem Rennen startet."

„Dann kommen Sie morgen oder übermorgen zu

uns in die Klinik. Da kann ich mehr Tests machen als hier auf der Rennbahn. Rufen Sie doch bei Elsa an, wir finden sicher einen Termin."

Frau Wiegand beugte sich zu Sarah, während der Fahrer weiter zum Stall fuhr. „Das ist Christoph Karaseck, einer der erfolgreichsten Fahrer hier auf der Bahn. Der überlässt nichts dem Zufall!"

Jetzt gab es keine Pause mehr für Sarah und die Tierärztin. Im Halbstundentakt starteten die Rennen. Per Funk gab die Rennleitung Bescheid, wenn sie einen Dopingtest wünschte. Sarah wich der Tierärztin nicht von der Seite. Das Geschehen auf der Trabrennbahn war eine völlig neue Welt für sie. Nach zwei Rennen fiel ihr auf, dass die Pferde einen Zügel trugen, der zwischen den Ohren zum Geschirr führte und ziemlich kurz war. Nach dem Rennen rannten die Pflegerinnen oft neben den Pferden her und lösten den Zügel noch im Trab. Sarah deutete auf das rätselhafte Geschehen.

„Warum machen die das? Was sind das für Zügel?"

Dr. Wiegand sah kurz auf. „Das ist ein Overcheck. Er hält den Kopf des Trabers hoch, so können sie nicht so leicht anspringen, wenn sie müde werden."

„Anspringen?", fragte Sarah nach.

„So nennen das die Leute hier auf der Trabrennbahn, wenn ein Traber in Galopp fällt. Nach einer bestimmten Anzahl von Galoppsprüngen wird er disqualifiziert."

Sarah sah kritisch auf das nächste Pferd, das mit dem starren Zügel seinen Kopf unnatürlich hoch trug. „Aber das ist doch nicht gut für das Pferd. Warum achten wir beim Reiten darauf, dass wir die Pferde immer wieder tief einstellen, um ihre Rückenmuskulatur aufzubauen – und hier werden die Pferde genau anders herum festgeschnallt."

Dr. Wiegand zuckte fast unmerklich mit den Schultern. „Ja, das siehst du richtig. Die Traber haben tatsächlich recht oft Rückenprobleme. Das wird vor allem dann ein Problem, wenn sie am Ende ihrer Rennbahnkarriere zum Reitpferd umtrainiert werden sollen."

Sarah zögerte vor der nächsten Frage. Aber dann stellte sie sie doch. „Ist das … Ich meine, es ist doch unnatürlich, wenn Pferde um die Wette traben. Wenn sie in der freien Natur so schnell wie möglich laufen wollen, würden sie doch immer galoppieren, oder?"

„Nicht ganz", beruhigte sie die Tierärztin. „Besonders natürlich oder gesundheitsfördernd ist der Trabrennsport zwar nicht, aber Traber sind eine Spezialrasse, die zum Traben gezüchtet worden ist. Schon als Fohlen traben sie lieber, als zu galoppieren."

In der Sekunde knackte das Funkgerät der Tierärztin. „Bitte eine Dopingprobe bei dem Sieger des letzten Rennens. Das war Christoph Karaseck mit ‚In Extremis'."

„Na, den habe ich schon lange nicht mehr getestet",

wunderte sich Dr. Wiegand und griff nach ihrem Funkgerät. „Mache ich!"

Sie wandte sich an Sarah. „Er ist nicht in einem Paddock, sondern in seinem eigenen Stall. Gibst du ihm Bescheid, dass er mit ‚In Extremis' zu mir kommen soll?"

Sarah lief los in die Richtung, in die ihre Chefin gedeutet hatte. Hinter den Stallgebäuden wurden die Rennpferde in der kalten Luft mit dicken Abschwitzdecken trockengeführt. Die Pflegerinnen unterhielten sich dabei, scherzten und streichelten ihre Pferde. Sarah sah sich suchend um, als ein Mädchen mit kurz geschnittenen dunklen Haaren fragte: „Suchst du was?"

„Den Stall von Christoph Karaseck."

Die Pflegerin deutete auf ein lang gezogenenes, weiß gekalktes Stallgebäude, das etwas abseits unter ein paar kahlen Bäumen stand. „Da hinten. Ist nicht zu verfehlen – außen dran steht ‚Karaseck'."

Sarah bedankte sich und lief zu dem Gebäude hinüber. In der Stallgasse stieß sie auf den Fahrer, der auf dem Boden kniete und einem verschwitzten Schwarzbraunen die Gamaschen abnahm. Ohne Helm sah Sarah jetzt seine kurzen braunen Haare und eine beginnende Glatze.

Er richtete sich auf und musterte Sarah ohne die Spur eines Lächelns. „Was kann ich für dich tun? Bist du nicht die Assistentin von Dr. Wiegand?"

Sarah nickte. „Ja, die schickt mich zu Ihnen. Sie sollen mit ‚In Extremis' zur Dopingprobe kommen."

Der Fahrer sah seufzend auf die Uhr. „Und das so kurz vor dem Zuchtrennen. Ich komme mit dir mit, aber ich kann nicht warten, bis alles vorbei ist."

Er griff nach einer dicken Abschwitzdecke und warf sie dem Schwarzbraunen über. Dann nahm er einen Führstrick und sah Sarah auffordernd an. „Worauf wartest du? Das hier ist ‚In Extremis'. Ich muss mich beeilen!"

Auf dem Weg zu der Rennbahntierärztin konnte Sarah sich eine Frage nicht verkneifen. „Was ist das, ein Zuchtrennen?"

Karaseck sah sie überrascht an. „Bist du zum ersten Mal auf der Rennbahn?"

Auf Sarahs Nicken hin redete er weiter. „Ein Zuchtrennen ist sehr hoch dotiert, da geht es auch darum, ob sich die Pferde für ein besseres Rennen empfehlen können. Das ‚Oberst Reverow-Gedächtnisrennen' ist heute das wichtigste Ereignis!"

Es ging um Geld, so viel hatte Sarah jetzt auch verstanden. Bevor sie antworten konnte, hatten sie schon die Dopingboxen erreicht. Karaseck drückte Dr. Wiegand den Führstrick von ‚In Extremis' in die Hand. „Ich habe keine Zeit, ich habe ein gutes Pferd im Zuchtrennen. Ist es in Ordnung, wenn ich Extremis erst danach abhole?"

Die Tierärztin schüttelte den Kopf. „Karaseck, Sie

sind nicht zum ersten Mal dabei. Sie wissen doch, dass Sie beim Abnehmen der Dopingprobe anwesend sein müssen!“ Sie griff nach einem Päckchen und zeigte es ihm. „Bitte vergewissern Sie sich, dass das Dopingset unversehrt versiegelt ist!“

Karaseck wedelte ungeduldig mit der Hand. „Ja ja. Machen Sie schnell. Ich möchte nicht, dass mein idiotischer Pfleger mein Pferd alleine anschirren muss.“ Er war offensichtlich nervös wegen des bevorstehenden Rennens.

Die Tierärztin öffnete das Dopingset, während sie lächelnd sagte: „Dann hoffe ich für Sie, dass der Hengst mir schnell sein Röhrchen füllt!“

Karaseck verdrehte die Augen. „Vergessen Sie die Sache mit dem Urin. Von mir aus können Sie auch sofort eine Blutprobe nehmen. Er hat noch nie in das Röhrchen des Dopingsets gepinkelt.“

Dr. Wiegand zuckte mit den Schultern, nahm eine Spritze aus dem Dopingset und füllte zwei Reagenzgläschen mit dem Blut von ‚In Extremis‘. Sie schrieb den Namen des Hengstes, das Datum und seine Lebensnummer auf die kleinen Glasröhrchen. Dann schob sie Karaseck ein Formular hin. „Wenn Sie jetzt bestätigen würden, dass alles sachgerecht gelaufen ist und Sie das Ergebnis des Tests anerkennen?“

Karaseck griff nach dem Stift und dem Papier, unterschrieb hastig und nahm dann wieder den Führstrick des Hengstes. Grußlos stapfte er davon.

Die Tierärztin sah ihm grinsend nach. „Er ist der Favorit in dem Gedächtnisrennen. Da kann man schon mal nervös sein, oder?“

Sarah verdrehte die Augen. „Ein bisschen netter könnte er trotzdem sein, oder? Ich finde ihn unsympathisch.“

„Klar, aber ich habe mich daran gewöhnt. Weißt du was? Wir schauen uns dieses Zuchtrennen von der Tribüne aus an. Da haben wir einen besseren Überblick.“

3 Zusammen machten sie sich auf den Weg und stiegen bei der Haupttribüne in den dritten Stock. Von hier oben konnte man das komplette Oval der Rennbahn überblicken. Sarah stellte erleichtert fest, dass hier auch geheizt war. Sie zog ihre dicke Winterjacke und die Handschuhe aus, während die Tierärztin an der Theke zwei Tassen mit heißer Schokolade holte. Eine davon drückte sie Sarah in die Hand. „Hier, das wird dich aufwärmen. Überlege dir gut, ob du wirklich Tierärztin für Pferde werden willst. Es ist einfach immer kalt im Winter." Dr. Wiegand spähte durch das Fenster und deutete auf die Rennbahn. „Da sind sie ja schon!"

Sarah beobachtete gespannt die Rennpferde, die sich jetzt zur Parade vor der Haupttribüne in eine Reihe sortierten. Der Sprecher stellte sie vor, während Sarah sich die Traber genauer ansah. Plötzlich fiel ihr etwas auf. Sie deutete auf eine zierliche braune Stute mit ungewöhnlich großen Ohren.

„Frau Wiegand? Die Nummer 5, die trägt doch gar keinen Overcheck, oder?"

Die Tierärztin sah aufmerksam zu dem Pferd hinüber, das in diesem Augenblick vorgestellt wurde.

„… die Nummer fünf in unserem Starterfeld ist Cala November aus dem Gestüt Altland. Sie konnte zuletzt das Silvesterrennen für sich entschieden und gilt als Mitfavoritin für das ‚Oberst Reverow-Gedächtnisrennen'…"

Dr. Wiegand nickte. „Du hast recht. Die Besitzer müssen sich sehr sicher sein, dass diese Stute nicht anspringt. Aber das ist selten. Ich bin gespannt, ob das funktioniert!"

Die Vorstellung der Starter in diesem Rennen war beendet, und die Pferde sammelten sich hinter den Gittern des Startautos. Sarah ertappte sich dabei, dass sie der kleinen Stute die Daumen drückte. Sie fände es schön, wenn ein Pferd auch ohne Hilfsmittel alle anderen besiegen konnte. Außerdem fand sie die Stute niedlich.

In dieser Sekunde gab das Startauto Gas. Das wichtigste Rennen des Tages war gestartet! Die Pferde jagten durch den ersten Bogen. Zwei führten das Feld direkt nebeneinander an, aber direkt dahinter lief Cala November. Sie hatte jetzt ihre etwas zu langen Ohren leicht nach hinten geklappt und lief mit hocherhobenem Kopf auf der Innenbahn. Irgendwie hatte sie etwas rührend Eifriges. Sarah drückte ihren Daumen noch fester, als Dr. Wiegand plötzlich scharf die Luft einsog. „Dieser Idiot!", murmelte sie.

Sarah hatte keine Ahnung, wen Dr. Wiegand beschimpfte. „Was ist?", fragte sie.

„Der Fuchs, der jetzt innen neben Cala November läuft, siehst du den? Der wurde dahin gelenkt, obwohl da eigentlich kein Platz war. Das ist gefährlich. So was darf man im Rennen nicht machen."

Das Feld bog in den zweiten Bogen ein. Jetzt musste die kleine Cala November in der zweiten Reihe laufen. So wurde ihr Weg zum Ziel natürlich länger, aber sie fiel keinen Zentimeter zurück. Die beiden Pferde, die vorne lagen, legten immer noch ein unglaubliches Tempo vor. Karaseck mit seinem Rapphengst lag in Warteposition an fünfter Stelle. Auf der Gegengeraden ging er schließlich zum Angriff über. Sarah konnte sehen, wie er sein Pferd etwas zurücknahm und dann außen an Cala November vorbeischoss. Er wollte sein Manöver unbedingt vor dem letzten Bogen des Rennens beenden, um seinem Hengst dann keinen längeren Weg zumuten zu müssen. Karaseck hob auffordernd die Hände, aber der Bogen kam schnell näher. Die Fahrer der beiden führenden Pferde legten ebenfalls an Tempo zu, um den Angriff des Favoriten abzuwehren.

„Er muss ihn jetzt zurücknehmen!", murmelte Dr. Wiegand leise. „Sein Angriff hat nicht funktioniert, er kann unmöglich in dritter Reihe in den Bogen. Dann wird der Weg für sein Pferd zu lang!"

Plötzlich schien das Pferd, das an der Innenbahn in Führung lag, zu stolpern. Es verlor an Geschwindigkeit, während der Fuchs hinter ihm weiterraste. Eine

Sekunde lang sah es so aus, als ob er dem vor ihm liegenden Fahrer fast in den Helm biss – oder ihn anschob. Dann wich er mit einem schnellen Schlenker zur Seite hin aus – genau dahin, wo die kleine Stute trabte. Die fand sich plötzlich eingekeilt zwischen dem Fuchs und dem Rappen von Karaseck, der kurz vor dem Eingang des Bogens ohnehin schon sehr dicht neben ihr unterwegs war. Der Fahrer von Cala versuchte verzweifelt, das Tempo zu reduzieren. Aber das Pferd an der Innenseite war ihm schon zu nahe gekommen. Selbst durch die Glasscheibe der Tribüne konnte Sarah das schreckliche Geräusch hören, mit dem die beiden Sulkyräder aneinanderrieben. Dann stellte sich einer der Sulkys auf, der Fahrer flog wie eine Puppe durch die Luft, während die Pferde zu Boden gingen.

Karaseck gelang es noch, einen kleinen Bogen zu fahren – und schon war er an den stürzenden Pferden vorbei. Die nachfolgenden Pferde reagierten innerhalb eines Wimpernschlags. Zwei wurden von ihren Fahrern steigend zum Stehen gebracht, die anderen umfuhren die Unglücksstelle. Innerhalb weniger Sekunden war das Feld an den beiden Unglücksgespannen vorbei. Zurück blieb ein Wirrwarr aus Leinen, strampelnden Pferdebeinen und ineinander verkeilten Sulkys. Ein Stück entfernt lag reglos der Trabrennfahrer.

Dr. Wiegand ließ ihre heiße Schokolade fallen.

„Komm!“, schrie sie und rannte Richtung Treppen,

ohne sich nach Sarah umzusehen. Jetzt kam es auf jede Sekunde an. Sarah raste hinter der Tierärztin her. Sie jagten die Treppen hinunter, rannten die paar Meter zu dem Kombi und sprangen hinein. Dr. Wiegand ließ den Motor aufheulen und jagte auf die Rennbahn, der Sand unter den Reifen ihres Autos spritzte auf. Sie fuhren durch den Bogen und hielten direkt neben den verunglückten Pferden. Der Krankenwagen kam aus der anderen Richtung mit Blaulicht angeschossen und bremste neben dem Fahrer, der immer noch reglos im Sand lag.

Die Tierärztin sprang aus dem Auto und rannte zu den Pferden. Der Fuchs hatte es inzwischen geschafft, sich aufzurappeln, und stand zitternd zwischen seinen Leinen. Cala November lag dagegen immer noch auf der Bahn. Der verkeilte Sulky verhinderte, dass sie aufstehen konnte. Sie hob nur etwas den Kopf. Sarah sah das Weiße in ihren Augen und die weit geblähten Nüstern. Die Traberstute war in heller Panik. Sie konnte sich nicht bewegen – das Schlimmste, was einem Pferd passieren konnte.

Auch ein paar Pfleger waren inzwischen beim Unglücksort angekommen. Die Tierärztin übernahm das Kommando. „Die Leinen bei dem Fuchs durchschneiden, schaut dann, ob ihr ihn wegführen könnt!"

Sie sah die kleine Stute an, die immer noch gegen ihre Fesselung kämpfte. „Sarah, bring mir meine Tasche!", rief sie.

Sarah rannte zurück zum Kombi und riss die große Tasche von der Rückbank. Im Laufen klappte sie die Tasche auf und hielt sie der Tierärztin hin. Die griff nach einer Spritze und einer kleinen Ampulle. Vorsichtig zog sie ein wenig hellgelbe Flüssigkeit in die Spritze und kniete sich dann neben die Stute. „Jetzt wird gleich alles besser“, murmelte die Tierärztin beruhigend, während sie die Spritze in eine Ader im Hals schob.

„Sie schläfern Cala doch nicht ein?“, kreischte eine Pflegerin, die verzweifelt an einer Leine herumfingerte und versuchte, sie zu lösen. Sarah erkannte das Mädchen mit den kurzen Haaren, das ihr vorhin den Weg zu Karasecks Stall gezeigt hatte. Sie war leichenblass.

Dr. Wiegand schüttelte den Kopf. „Nein, nein. Ich habe ihr nur etwas zur Beruhigung gegeben. Sie soll sich nicht noch mehr verletzen, während sie gegen den Sulky und die Leinen kämpft.“

Das Mittel wirkte sofort. Die Stute ließ den Kopf sinken und atmete mit einem tiefen Seufzer aus. Die Tierärztin sah sich suchend um. „Wir brauchen einen Bolzenschneider!“

Einer der Pfleger rannte los, während Sarah ein Hufschneidemesser aus der Tierarzttasche nahm und anfing, die Leinen durchzutrennen. Das andere Mädchen löste noch ein paar Schnallen. Gemeinsam befreiten sie die kleine Stute, so schnell es ging. Wenig später kam ein schwer atmender Mann mit einem großen Bolzenschneider aus dem Stall.

Dr. Wiegand deutete auf die Reifen. „Schneiden Sie die Speichen durch. Schnell!"

Erst jetzt sah Sarah, dass ein Huf der Stute zwischen zwei Speichen steckte. Sie biss sich auf die Lippe. Das sah nicht gut aus. War der Huf nicht merkwürdig verdreht?

Endlich waren die Speichen durchtrennt, die Tierärztin griff nach dem Bein und zog es vorsichtig zwischen den Speichen hervor. Cala November war frei.

Die Stute brauchte einen Moment, um das zu merken. Dann ging ein Ruck durch ihren Körper, sie richtete sich mühsam auf und stellte sich hin. Das Hinterbein, das gerade noch zwischen den Speichen des Sulkys verkeilt gewesen war, hielt sie hoch.

Die Stute sah schrecklich aus. Das Fell, das vor wenigen Minuten noch geglänzt hatte, war jetzt mit Sand verklebt, sie hielt den Kopf gesenkt und bemühte sich, auf drei Beinen zu stehen. Sie dampfte in der kalten Luft.

Dr. Wiegand hielt sich nicht lange mit dem traurigen Anblick der Stute auf. „Wir brauchen eine Abschwitzdecke. Und einen Transporter, sie wird kaum aus eigener Kraft die Rennbahn verlassen können."

Das Mädchen nickte. „Ich hole eine Decke!"

Der Mann, der den Bolzenschneider geholt hatte, setzte sich noch einmal in Bewegung. „Ich hole mein

Auto und den Hänger!“, rief er und fing wieder an zu rennen.

Dr. Wiegand bückte sich und fuhr vorsichtig mit den Fingerspitzen über das verletzte Hinterbein. Als sie in die Nähe der Fessel kam, zog die Stute das Bein unter den Bauch. Die Tierärztin nickte und richtete sich wieder auf.

„Das habe ich mir schon gedacht. Das sieht nicht gut aus. Ich bin mir fast sicher, dass sie sich die Fessel gebrochen hat.“

Sarah schossen die Tränen in die Augen. Vor Wut und vor Mitleid. Wieso mussten Pferde so leiden, weil Menschen um jeden Preis gewinnen wollten? „Muss sie jetzt sterben?“, fragte sie leise.

„Nicht, wenn es nach mir geht!“, antwortete die Tierärztin. „Aber dafür brauche ich Röntgenbilder. Dann entscheiden wir, was wir für sie tun können. Wir müssen sie erst mal in die Klinik bringen.“ Sie sah Sarah an. „In unserem Rennbahnstall findest du alles für einen Transport-Gips. Holst du mir das? Es ist im Schränkchen unter dem Fernseher. Bring einfach das ganze Paket mit.“

Sarah rannte los, während Dr. Wiegand sich um das andere Pferd kümmerte. Der Fuchs trug inzwischen eine Decke. Er hatte viele Schürfwunden, aber er lahmte nicht. Sarah hörte noch, wie die Tierärztin den Besitzer beruhigte. „Ich schicke nachher meinen Assistenten bei Ihrem Pferd vorbei. Bis dahin wäre es gut, wenn Sie ihn mit lauwarmem Wasser abwaschen und trockenführen. Rufen Sie mich sofort an, wenn er anfängt zu lahmen …“

Mehr hörte Sarah nicht. Während sie zum Ausgang rannte, wurde sie von dem Krankenwagen überholt. Sie hatte kurz ein schlechtes Gewissen – sie hatte sich überhaupt nicht um die verunglückten Menschen gekümmert. Sie nahm sich fest vor, später zu fragen, wie es ihm ging.

Fünf Minuten später war sie schon mit dem Paket auf dem Rückweg. Schwitzend erreichte sie die Unglücksstelle. Cala November stand immer noch an der gleichen Stelle, aber jetzt trug sie eine Decke und statt dem Zaumzeug ein Halfter. Helfer räumten im Hintergrund die Reste der Sulkys auf die Ladefläche eines kleinen Lasters. Gleichzeitig kam ein alter Jeep mit einem ebenso alten Hänger auf die Rennbahn gefahren. Beide hatten offensichtlich viele Kilometer auf dem Buckel, waren aber gut gepflegt. Das Gespann hielt neben der Stute.

Der Fahrer stellte sich neben das Mädchen mit den kurzen Haaren. „Ich bin der Besitzer von Cala November. Wie schlimm ist es?“

Die Tierärztin antwortete, ohne ihre Augen von dem Bein der Stute zu wenden. „Ich denke, dass sie sich die Fessel gebrochen hat. Genaues kann ich erst nach dem Röntgen sagen. Für den Transport lege ich jetzt einen Gips an. Es ist wichtig, dass sie das Bein nicht mehr belastet und nicht mehr verdreht. Sonst kann ich nichts mehr machen."

„Und was können Sie machen, wenn es wirklich gebrochen ist? Wollen Sie das Tier nicht gleich erlösen?", bellte der Mann.

„Nein. Wir haben sehr gute Erfolge mit der Operation von solchen Brüchen", entgegnete die Tierärztin. „Wir müssen allerdings abklären, ob das Gelenk betroffen ist."

„Was heißt hier ‚gute Erfolge'?" Der Mann war immer noch aufgebracht.

„Damit meine ich: Sie kann schmerzfrei leben, Fohlen bekommen und bei einem optimalen Verlauf auch wieder Rennen laufen." Dr. Wiegand sah den Besitzer von Cala November eindringlich an. „Also, was soll ich tun?"

Das Mädchen schaltete sich ein. „Papa, du kannst Cala doch nicht …"

Der Mann schüttelte den Kopf. „Keine Angst, Paula. So schnell gebe ich nicht auf. Wenn die Frau Doktor sagt, dass es eine Chance gibt …" Er wandte sich wieder an die Tierärztin. „In Ordnung. Legen Sie den Gips an, wir besprechen dann in Ihrer Klinik, was wir mit Cala tun."

Sarah half der Tierärztin, die jetzt den Transportgips anlegte. Dann richtete sie sich auf. „So, jetzt können wir sie verladen. Sie wird Hilfe brauchen, um die Rampe hochzukommen. Wissen Sie, wie das geht?"

Statt einer Antwort winkte Calas Besitzer einen kräftigen Pfleger zu sich, der das Drama aus der Nähe betrachtete. „Komm her und hilf uns, du bist stark genug."

Sarah beobachtete, wie die beiden Männer ihre Hände fest ineinander verschränkten und sich hinter die Stute stellten. Während Paula vorne am Strick zupfte, stützten die beiden das Pferd, das mühsam auf drei Beinen die Rampe hochhumpelte. Dann schlossen sie die Transporterklappe.

Die Tierärztin ging zu ihrem Auto. „Fahren Sie einfach hinter mir her."

Sarah sprang auf den Beifahrersitz, und sie rollten los. Der Jeep mit dem Hänger folgte ihnen so langsam, als hätte er rohe Eier geladen.

Die Tierärztin griff zu ihrem Handy und kündigte Cala November in der Klinik an.

Auf dem Hinweg hatten sie nur wenige Minuten gebraucht, aber der Weg zurück kam Sarah endlos vor. Doch Dr. Wiegand war zufrieden. „Wenigstens ein Autofahrer, der Verständnis dafür hat, dass sein Pferd jetzt in jeder Kurve Probleme hat, auf den Beinen zu bleiben. Cala November ist sediert, sie steht auf drei Beinen – da können sie leicht umfallen, wenn es zu schnell wird. Und das wäre das Letzte, was wir jetzt brauchen könnten."

Es fing schon an zu dämmern, als sie auf den Hof der Marienwaldklinik einbogen.

Wenig später stand die kleine Traberstute auf den Gummimatten bei dem Röntgengerät. Sie ließ ihre großen Ohren zur Seite hängen und schien ihre Umgebung kaum wahrzunehmen. Die Tierärztin verteilte die schweren Bleischürzen, mit denen sich alle vor den Röntgenstrahlen schützen mussten.

„Hat sie Schmerzen?", flüsterte Paula, die ihren Blick nicht von dem Pferd nahm.

Die Tierärztin richtete das Röntgengerät auf die Fessel und nickte. „Ja, aber das ist gut so. Wenn wir ihr jetzt etwas gegen die Schmerzen gäben, dann würde sie ihr Bein belasten und damit womöglich noch mehr kaputt machen. So schont sie das Bein. Aber keine Angst. Wir versuchen, ihr so schnell wie möglich zu helfen."

Sie drückte noch einmal auf den Auslöser, dann nahm sie ihre Schürze ab und winkte den anderen, ihrem Beispiel zu folgen. Sarah räumte schnell die Schürzen weg und ging dann mit Paula, ihrem Vater und der Tierärztin in den kleinen Raum, in dem der Computer mit den digitalen Röntgenbildern stand. Dr. Wiegand deutete auf das Bild von einem Knochen, durch den sich eine feine schwarze Linie zog. „Sie sehen hier den Bruch, so wie ich es vermutet habe. Aber sie sehen auch, dass der Riss in dem Knochen nicht bis ans Gelenk geht. Es sieht aus wie ein ziemlich sauberer Bruch, es scheint nicht gesplittert zu sein." Sie warf dem Mann einen schnellen Blick zu.

„Aber letztlich ist es Ihre Erscheinung, Herr … Verzeihen Sie, ich habe noch gar nicht nach Ihrem Namen gefragt."

„Altdorfer", sagte der Mann geistesabwesend, während er weiter das Röntgenbild betrachtete. „Wie stehen ihre Chancen?"

„Endgültig kann ich das erst ein oder zwei Wochen nach der Operation sagen. Es lässt sich nie vorhersagen, wie gut und schnell der Knochen wieder zusammenheilt. Aber aus meiner Erfahrung würde ich sagen, dass Sie die Stute sicher schmerzfrei in die Zucht geben können. Ob sie wieder Rennen laufen kann, weiß ich nicht. Es könnte möglich sein, vielleicht aber auch nicht. Ich würde die Chancen 50:50 einschätzen."

Altdorfer nickte langsam. „Was passiert genau bei dieser Operation?"

Dr. Wiegand klickte auf der Tastatur herum. Dann deutete sie auf ein weiteres Röntgenbild, das sich auf dem Bildschirm geöffnet hatte. „Das ist ein ähnlicher Fall von vor einem Jahr. Wir haben eine sogenannte Osteosynthese gemacht, ähnlich wie bei Menschen. Wir stabilisieren den Knochen mit Schrauben und Platten, so wie Sie es hier sehen." Sie deutete auf das Bild, auf dem deutlich die Metallteile zu sehen waren. „Dazu kommt in den ersten neun bis zwölf Tagen noch ein Gips. Dann hatte dieser Patient vier Wochen Boxenruhe, bevor wir ihn vorsichtig im Schritt bewegt haben. Er ist sechs Monate später wieder Rennen gelaufen."

„Erfolgreich?", fragte Altdorfer knapp.

Dr. Wiegand nickte. „Ja. Es war vor dem Unfall ein gutes Pferd und ist es jetzt wieder."

„Dann machen Sie diese Operation. Cala November ist das beste Pferd, das ich je gezüchtet habe. Ich hatte noch so viel mit ihr vor ..." Altdorfer schluckte, bevor er weitersprach. „Vielleicht hat sie ja Glück. Wann operieren Sie?"

Dr. Wiegand sah auf ihre Uhr. „Sofort. Mein Assistent ist gleich hier, dann können wir anfangen. Sie können gerne in der Zwischenzeit heimfahren, ich rufe Sie dann an und berichte Ihnen, wie die Operation verlaufen ist."

Altdorfer griff nach der Hand seiner Tochter. „Ich glaube, wir warten lieber hier."

Dr. Wiegand deutete auf die Tür, die zum Empfangszimmer führte. „Elsa wird Ihnen gerne einen Kaffee machen." Dann wandte sie sich an Sarah. „Hilfst du mir?"

Sarah nickte. Die Handgriffe, die jetzt folgten, waren Alltag in der Klinik. Die Traberstute erhielt ein stärkeres Beruhigungsmittel, dann die Narkose. Normalerweise wurden den Pferden Schlingen um die Fesseln gelegt, um sie dann mit einem Motor anzuheben. Sarah sah die Tierärztin fragend an. Das ging bei einer gebrochenen Fessel wohl nicht.

Dr. Wiegand lächelte. „Gut aufgepasst. Lege die Schlinge einfach um das Sprunggelenk und mach die Kette entsprechend kürzer."

Sarah nickte. Sie sah, wie Paula schwer schluckte, als der Motor leise surrend ansprang und die bewusstlose Stute anhob. „Sie spürt jetzt nichts mehr, keine Sorge!", sagte sie zu dem Mädchen. Sarah konnte sich noch gut erinnern, wie ihr zumute gewesen war, als sie bei Saschas Kolik-Operation zugesehen hatte. Es war ihr vorgekommen, als hätte es eine Ewigkeit gedauert …

Sie konzentrierte sich wieder auf Cala. Sarah hielt ihren Kopf, während Dr. Wiegand mit der Winde die Stute vorsichtig auf den Operationstisch herunterließ.

„Wir legen sie auf die linke Seite, dann komme ich besser an ihr rechtes Hinterbein heran!", beschloss die Tierärztin. Noch während Sarah die Fessel rasierte, kam Marc hereingeeilt. Er war außer Atem und trug noch Reithosen. „Was gibt's?", fragte er, während er einen Blick auf die Stute warf. „Nach einer Kolik sieht das nicht aus."

Dr. Wiegand schüttelte den Kopf. „Nein, das ist ein übler Unfall auf der Trabrennbahn, zwei Sulkys sind ineinandergefahren. Ihr Bein wurde zwischen den Speichen eingeklemmt, und dabei hat sie sich die Fessel gebrochen."

Marc schüttelte de Kopf. „Um die Jahreszeit kein Wunder", kommentierte er.

Sarah sah ihn fragend an. „Was hat das mit der Jahreszeit zu tun?“

Marc wusch sich sorgfältig die Hände und zog einen Operationskittel an. „Im Winter nimmt der Mineralgehalt in den Knochen der Pferde ab. Das führt zu sogenannten Glasknochen, die leichter brechen. Das ist bei allen Pferde so, nicht nur bei Rennpferden. Obwohl die natürlich besonderen Belastungen ausgesetzt werden.“

Dr. Wiegand untersuchte die Fessel, die Sarah fertig rasiert hatte. „Gut gemacht. Jetzt bitte desinfizieren.“

Sarah griff zu der leuchtend orangen Flüssigkeit und strich damit großzügig den Fesselbereich ein. Sie hatte längst gelernt, dass die Farbe einfach ein Hilfsmittel war – wo es orange leuchtete, da war desinfiziert.

Dr. Wiegand beobachtete ihre Arbeit. Dann sagte sie zu Sarah: „Kümmerst du dich um die Altdorfers? Ich glaube, das Mädchen braucht ein wenig Zuspruch. Wenn du willst, kannst du nachher wiederkommen und zusehen.“

Sarah nickte nur und verschwand.

4

Sie fand Paula vor den Fotos, die im Empfangszimmer an der Wand hingen. Sarah streckte ihr die Hand entgegen. „Hallo, ich bin Sarah."

Paula schüttelte ihre Hand. „Du arbeitest hier in der Klinik? Ich habe dich vorhin schon auf der Rennbahn gesehen, als du nach Karaseck gesucht hast."

Sarah nickte. „Ja, ich helfe regelmäßig in der Klinik, seit mein Pony letztes Jahr hier operiert worden ist."

Paula schluckte. „Und, wie geht es deinem Pony?"

„Sascha? Super. Man merkt ihm überhaupt nichts mehr an. Er hatte allerdings etwas ganz anderes als eure Stute. Eine Kolik."

Sarah deutete auf das Bild von Sascha, das sie irgendwann im letzten Herbst aufgehängt hatte. Es zeigte Sascha auf der Koppel, an der Seite von Lavinia. Unter seinem dicken Schopf blickte er frech in die Kamera – nichts deutete darauf hin, dass er zehn Wochen vorher fast gestorben wäre. „Ich bin ihn erst gestern geritten. Frau Wiegand hat das wirklich toll hingekriegt!"

Paula nagte an ihrer Unterlippe. „Hoffentlich schafft sie das auch bei Cala. Sie ist das einzige Trabrennpferd, das wir haben …"

Ihr Vater unterbrach sie. „Die Geschichte von unseren Pferden interessiert das Mädchen bestimmt nicht!"

„Doch, doch", widersprach Sarah. „Ich finde alles spannend, was ich über Pferde lernen kann. Ich war heute das erste Mal auf der Rennbahn, das war total interessant."

Paula versuchte ein Lächeln. „Das erste Mal? Das kann ich mir gar nicht vorstellen. Ich bin auf der Rennbahn groß geworden. Meine Eltern hatten ein großes Gestüt für Traber, das Gestüt Altland. Damals war das noch ein bekannter Sport. Na ja, dann kamen immer weniger Besucher auf die Rennbahn, die Wetter haben die Rennen lieber in den Wettbüros in der Stadt angesehen – und haben dort auch ihr Geld ausgegeben. Das Geld fehlt auf den Trabrennbahnen, die Preisgelder wurden weniger, und das Trabergeschäft hat sich immer weniger gelohnt. Die Zucht meiner Eltern auch." Paula sah kurz zu ihrem Vater, bevor sie weiterredete. „Meine Mutter hatte dann die Nase voll von den Pferden. Sie ist in die Stadt gezogen, wo sie arbeiten kann. Und endlich nicht mehr diese blöden Viecher sehen muss – das hat sie gesagt. Mein Vater hat dann fast alle Pferde verkauft. Nicht auf einmal, sondern immer mal wieder. Irgendwann mussten wir dann von Altland wegziehen. Das einzige Pferd, das wir behalten haben, ist Cala November. Sie ist eine Tochter von Papas bestem Pferd, Cala d'Or. Und von

General November.“ Paula bemerkte Sarahs fragenden Blick.

„Du hast wirklich keine Ahnung von Trabrennen, oder? General November gilt als Traber des Jahrhunderts. Er hat das Derby gewonnen, und das St. Leger, lauter total wichtige Rennen. Und Cala d'Or war jahrelang Papas bestes Pferd, bis er sie in die Zucht genommen hat. Cala November war ihr letztes Fohlen. Wir dachten, sie würde bei den großen Rennen laufen. Wenn Cala nicht wieder gesund wird, dann war ich wohl das letzte Mal auf der Rennbahn.“ Paula sah traurig aus.

Sarah legte ihr eine Hand auf die Schulter. „Jetzt müssen wir erst mal abwarten, wie die Operation verläuft. Soll ich mal reingehen und fragen?“

Paula nickte, und Sarah verschwand schnell im Operationssaal.

Aber alles, was sie noch zu sehen bekam, war, dass Marc gerade sorgfältig die Operationswunde zunähte.

„Und? Wie ist es gelaufen?“, fragte Sarah aufgeregt.

„Gut!“, antwortete Marc. „Wenn sie keine Probleme beim Aufwachen hat und mit dem Gips zurechtkommt, sollte sie wieder richtig gesund werden. Aber genau weiß man das natürlich nie.“ Er machte den letzten Stich. „So, jetzt müssen wir das Bein wieder eingipsen!“

Sarah ging zurück zu den Altdorfers.

„Dr. Wiegand wird gleich zu Ihnen kommen. Cala

ist schon auf dem Weg in die Aufwachbox." Sie winkte Paula zu sich. „Du kannst sie jetzt sehen."

In die Türen der Aufwachboxen waren in Augenhöhe Sehschlitze eingelassen, mit denen man überprüfen konnte, ob die Pferde schon standen.

Paula sah durch den Schlitz in den halbdunklen Raum.

„Sie bewegt sich überhaupt nicht!", flüsterte sie. „Ist das normal?"

„Ja, das Narkosemittel lässt nur langsam nach. Mach dir keine Sorgen", wisperte Sarah zurück.

In dieser Sekunde tauchten auch schon Herr Altdorfer und Dr. Wiegand auf. „Die Operation ist optimal verlaufen", sagte die Tierärztin gerade. „Jetzt können wir nur hoffen, dass sie gut auf die Beine kommt. Und dann muss natürlich der Knochen richtig zusammenheilen. Ich kann Ihnen erst mehr sagen, wenn wir den Gips abnehmen. Und das passiert frühestens in neun Tagen."

„Sie bewegt sich!", rief Paula aufgeregt. Dr. Wiegand warf ebenfalls einen Blick in die Aufwachbox. „Ja, jetzt dauert es nicht mehr lange, bis sie aufsteht."

Tatsächlich hob die Stute langsam den Kopf und drehte sich dann mühsam auf den Bauch.

„Jetzt wird es kritisch", erklärte die Tierärztin. „Mit dem Gips kann sie nicht gut aufstehen. Aber dabei können wir ihr nicht helfen. Leider."

Sarah kannte diesen Moment. Eine Operation war

erst mit dem erlösenden „Es steht!“ vorbei. Davor blieben Tierärzte und Assistenten angespannt. Es passierte immer wieder, dass ein Pferd die Operation überstand und dann beim Aufstehen nach der Narkose ausrutschte und sich noch einmal verletzte.

Paula wich nicht von dem Sehschlitz. „Jetzt versucht sie es!“, sagte sie. Man hörte es in der Box poltern. Paula wurde bleich. „Sie ist weggerutscht. Aber sie probiert es noch einmal.“

Sarah hielt die Luft an. Es blieb still in der Box.

Dann lächelte Paula. „Jetzt steht sie!“

Sarah atmete aus. Sie hörte, dass Marc und Frau Wiegand es genauso machten. Der Ton der Tierärztin wurde wieder geschäftsmäßig.

„Gut. Wir bringen Cala November in ein paar Minuten in ihre Box. Mehr können wir jetzt nicht für sie tun.“ Sie sah auf die Uhr. „Es ist spät geworden. Ich rufe Sie auf jeden Fall an, wenn sich ihr Zustand irgendwie verändern sollte. Ansonsten können Sie natürlich gerne jederzeit zu Besuch kommen. Es tut der Stute sicher gut, wenn sie von vertrauten Menschen geputzt wird.“

Herr Altdorfer verabschiedete sich von Dr. Wiegand und legte seinen Arm um die widerstrebende Paula. „Du darfst sie ja morgen besuchen. Wir kommen gleich vormittags vorbei. Aber jetzt wollen die Tierärzte auch mal Feierabend machen.“ Die beiden verließen den Stall.

„Du kannst jetzt auch gehen“, sagte Dr. Wiegand zu Sarah. „Für dich wird es allerhöchste Zeit, nach Hause zu kommen!“

Sarah grinste schief. „Ja, meine Eltern warten bestimmt schon!“ Sie zog ihre dicke Jacke an und öffnete die Kliniktür. Eine Sekunde später stand sie in der klirrend kalten Luft und atmete tief ein. Was für ein Tag!

Plötzlich löste sich von der Klinikwand ein Schatten. „Dachte ich's mir doch: Ich muss nur zur Pferdeklinik gehen, um dich zu sehen!“, ertönte eine vertraute spöttische Stimme.

Ben.

Bei Sarah meldete sich sofort das schlechte Gewissen. Gestern hatte sie einfach so die Bandprobe abgesagt, heute hatte sie sich gar nicht gemeldet.

„Hallo, stell dir vor, was heute passiert ist …“, begann sie.

„Lass mich raten: Ein Pferd ist krank geworden?“, fragte Ben.

Sarah war sich mal wieder nicht sicher: War er jetzt sauer, oder machte er sich lustig über sie? Sie nickte nur.

Ben sagte nichts, sondern lief einfach neben ihr her, als Sarah ihr Rad holte. Einige Meter stapften sie schweigend nebeneinander her. Bis Sarah es nicht mehr aushielt.

„Bist du sauer oder so?“

„Nö.“ Ben schüttelte den Kopf. „Ich wollte nur mal gucken, ob du noch lebst. “

„Gestern haben wir angefangen, für eine Quadrille zu üben“, berichtete Sarah. „Ich wusste vorher nichts davon, und Jenny wollte unbedingt, dass ich mitmache. Bis Sascha endlich wieder trocken war, war es schon dunkel, da hätte es sich nicht mehr gelohnt, noch zur Bandprobe zu kommen …“ Sie brach ab. Sie hatte das Gefühl, dass Ben ihr nicht zuhörte. Er stapfte weiter schweigend neben ihr her.

„Und heute war ich mit Dr. Wiegand auf der Trabrennbahn. Da hat sich ein Pferd bei einem Unfall ein Bein gebrochen. Das wurde bis gerade eben operiert.“

Ben sagte immer noch nichts. Sarah knuffte ihn leicht in die Seite. „Warum holst du mich ab, wenn du nicht mit mir reden willst?“

Erst jetzt bemerkte sie das Lächeln um seine Mundwinkel. „Ich wollte einfach mal wieder ein paar Geschichten über Pferde hören, die ohne Sarah Stürmer sicherlich alle unglücklich wären. Oder auf jeden Fall niemals wieder gesund werden würden. Was soll ich da groß reden?“

Sarah kicherte. „Na ja, du könntest mir etwas über diesen Ben und seine Band Morgenstern erzählen. Bestimmt hat er gestern den Song geschrieben, mit dem sie ganz groß rauskommen und jedes Festival im Sturm erobern werden. Oder?“

Ben lachte auch. Und endlich fing er an, von seinem Wochenende zu erzählen. Sie hatten tatsächlich am Tag vorher ein paar neue Lieder geprobt …

Viel zu schnell erreichten sie das Haus der Stürmers.

„Willst du noch mit reinkommen?“, fragte Sarah. Aber sie kannte die Antwort schon. Ben hatte erst einmal ihr Haus betreten – und die Begegnung mit ihren Eltern hatte ihm wohl gereicht. Sarah umarmte ihn kurz und sah ihm hinterher, wie er die Straße hinunterlief. Sie wühlte in ihrer Jackentasche nach dem Haustürschlüssel. Es war genau so, wie sie Jenny gesagt hatte. Das war nicht „ihr“ Ben. Sondern ein Ben, der nur das tat, worauf er gerade Lust hatte. Aber gerade deswegen konnte sie ihn so gut leiden. Sie lächelte vor sich hin, als sie die Haustüre aufschloss.

5 „In die Klinik und dann noch zum Arnoldhof?" Frau Stürmer sah ihre Tochter wenig begeistert an. „Ist das nicht ein bisschen viel, was du dir da vorgenommen hast?"

Sarah schüttelte den Kopf, während sie sich den dicken Schal um den Hals wickelte. „Ich bin neugierig, wie es der Traberstute geht, die Dr. Wiegand vor ein paar Tagen operiert hat. Ehrlich, ich arbeite nicht, ich will nur sehen, wie es ihr geht. Und danach müssen wir die Quadrille üben. Ich habe dir doch von unserem ersten Training erzählt – das können wir so noch nicht vorführen."

„Bist du wenigstens rechtzeitig zum Abendessen zurück?", fragte Sarahs Mutter mit einem Seufzer. Sie konnte sich mit Sarahs Begeisterung für Pferde einfach nicht anfreunden.

Hinter dem dicken Schal klang Sarahs Stimme dumpf. „Wartet lieber nicht auf mich. Bis die Pferde trocken sind und wir vom Waldhof zurück zum Arnoldhof geritten sind … Das kann dauern!" Sie winkte und verschwand. Wenigstens versuchte ihre Mutter nicht mehr, über jeden einzelnen Besuch in der Klinik zu diskutieren. Das machte die Sache um einiges einfacher. Und seit dem Zwischenzeugnis war klar: Sarahs Noten waren tatsächlich besser geworden. Für Sarah keine Überraschung. Sie wollte Tierärztin werden, und das ging nur mit guten Schulnoten. Also hängte sie sich mehr rein als früher.

Sie nahm ihr Fahrrad und machte sich auf den Weg zur Klinik. Zum Glück waren die Straßen geräumt und trocken. Wenn es eisig oder frisch verschneit war, machte das Radeln wenig Spaß. Aber jetzt trat sie kräftig in die Pedale und freute sich über das wunderbare Winterwetter.

In der Klinik lief sie zuerst in das Empfangszimmer. Elsas Gesicht leuchtete auf, als Sarah hereinkam. „Hallo! Du hast heute doch gar keinen Dienst!"

Sarah pellte sich aus dem Schal. „Ich weiß! Aber ich war neugierig, wie es Cala geht. Das war so ein schlimmer Unfall am Sonntag …"

Elsa nickte. „Ja, das hat Bettina erzählt." Sie deutete Richtung Stall. „Die Tochter von dem Besitzer ist gerade da. Aber im Moment kann man noch wenig sagen. "

Sarah öffnete die Tür zum Labor, durch das man in den Stall kam, und stolperte fast über Marc, der gerade mit ernster Miene einen Brief las.

„Hi, Marc!", begrüßte Sarah ihn. „Was ist? Schlechte Neuigkeiten?" Sie schielte auf den Absender. Es war das Labor, das alle aufwändigeren Blutuntersuchungen für die Marienwaldklinik erledigte.

Marc deutete auf das Blatt Papier. „Das sind die Ergebnisse der Dopingproben, die ihr am Sonntag genommen habt."

Das hatte Sarah über dem schlimmen Unfall fast vergessen. „Und? Hat etwa jemand was gespritzt?"

„Keine Ahnung, ob da was mit einer Spritze gelaufen ist. Aber ein Pferd ist positiv. Und zwar ausgerechnet von dem Karaseck!" Marcs Stimme klang überrascht. „Dem hätte ich das nie zugetraut!"

Sarah erinnerte sich sofort an den dunkelbraunen Hengst, den sie zur Dopingprobe abgeholt hatte. „In Extremis?"

„Ja, so heißt das Pferd. Aber Karaseck war bisher immer sauber. Der hat ja auch einen Ruf zu verlieren." Marc schüttelte den Kopf.

„Was passiert jetzt?", wollte Sarah wissen. „Wird er disqualifiziert?"

„Wir müssen das Ergebnis der A-Probe dem Rennverband melden. Die geben dann Karaseck Bescheid, und er kann zu der positiven Dopingprobe Stellung beziehen. Dann wird entweder die A-Probe akzeptiert, oder die B-Probe wird geöffnet. Wenn sich dann der Dopingverdacht bestätigt, muss Karaseck Strafe zahlen und bekommt ein Startverbot", erklärte Marc.

„Für wie lange?", wollte Sarah wissen.

„Kommt darauf an." Marc zuckte mit den Schultern. „Ein paar Wochen, ein paar Monate – auf jeden Fall wird er viele seiner Pferde an seinen Konkurrenten

Hesse verlieren. Die Besitzer haben wenig Geduld mit einem überführten Dopingsünder."

„Und womit hat er gedopt?"

Marc sah noch einmal auf den Brief. „Theobromin. Ein Aufputschmittel."

Sarah schüttelte verächtlich den Kopf. „Dann muss man ja wohl kein Mitleid mit ihm haben! Ein Pferd dazu zu bringen, schneller und länger zu rennen, als es kann, ist ja wohl das Letzte!"

Marc gab ihr recht. „Ja. Wir haben damit zum Glück nichts zu tun. Ich schicke es jetzt weiter an den Rennverband."

Sarah nickte und ging in den Stall. Wie von Elsa angekündigt, stand Paula in Calas Box und striegelte die Traberstute. Sarah stellte sich an die Boxentür. „Hallo, Paula!"

Das Mädchen drehte sich überrascht um. Dann erkannte es Sarah. „Hi. Ich dachte, Cala wird vielleicht schneller gesund, wenn ich ihr jeden Tag ein bisschen Gesellschaft leiste!"

Sarah nickte. „Dann ist ihr zumindest nicht so langweilig. Das ist nämlich das größte Problem bei Pferden, die mit einem Gips zu Boxenruhe verurteilt werden. Ihnen ist schrecklich langweilig. Und man darf ihnen nicht mal viel zu fressen geben."

Paula striegelte weiter. „Für Cala ist es wahrscheinlich besonders schlimm. Sie ist in vollem Renntraining, sie ist darauf gezüchtet, zu laufen. Und jetzt soll sie in einer Box stehen und die Gitterstäbe zählen? Das ist echt hart. Ich muss ihr unbedingt jeden Tag Gesellschaft leisten." Liebevoll kämmte Paula die lange Stirnlocke von Cala. Die genoss die Behandlung mit geschlossenen Augen.

„Was sagt denn Dr. Wiegand?", wollte Sarah wissen.

„Nicht viel." Paula zuckte mit den Schultern. „Sie meint, dass sie erst in ein paar Tagen wieder röntgen will. Dann entscheidet sich wohl auch, ab wann Cala wenigstens Schritt gehen kann."

„Du wirst sehen, die Zeit vergeht schneller, als du glaubst!", versuchte Sarah sie zu trösten.

Paula sah nicht wirklich überzeugt aus. „Für mich wahrscheinlich schon. Aber für Cala sieht das anders aus. Und mein Vater ist auch nicht der Geduldigste. Im Moment kostet Cala nur Geld, dabei ist es eigentlich ihre Aufgabe, Geld zu verdienen. Zum Glück kann ich weiter auf der Rennbahn jobben."

Sarah sah sie überrascht an. „Du arbeitest auf der Rennbahn?"

„Ja, klar. Was habe ich wohl gemacht, als du Karaseck gesucht hast? Ich führe andere Rennpferde bestimmt nicht deswegen trocken, weil ich sie so nett finde. Ich kriege Geld dafür. Genauso wie für die Trainingsrunden."

„Du fährst auch im Sulky?" Das stellte Sarah sich toll vor. Knapp hinter den Pferden im Renntrab …

Paula grinste schief, als Sarah ihre Gedanken laut aussprach. „Nein. Der Sulky ist nur für die Rennen. Im Training spannen wir die Pferde vor Fohlenwagen. Da kann man auch zu zweit draufsitzen, die sind recht gemütlich. Es wird auch nicht schnell gefahren, sondern nur eine lange Strecke im langsamen Tempo. So sollen die Pferde ihre Ausdauer trainieren."

„Das hört sich trotzdem spannend an!", meinte Sarah.

„Ist es aber nicht. Man zuckelt gemütlich seine Runden im Trödeltrab." Paula trat einen Schritt zurück und betrachtete kritisch die sauber geputzte Cala. „Aber wenn es dich interessiert, kannst du ja mal mitkommen."

„Oh ja, das würde ich gerne!" Sarah war begeistert.

„Fein. Nächsten Sonntag, früh um 7.00 Uhr. Zieh dich warm an!"

Sarah nickte, auch wenn sie angesichts der nachtschlafenen Zeit schlucken musste. So früh morgens auf einer Kutsche zu frieren, war vielleicht doch nicht so wahnsinnig toll. Und eigentlich hatte sie im Moment keine Zeit für solche Sachen. Aber jetzt konnte sie nicht mehr zurück.

„Okay. Ich bin da!"

Damit verabschiedete sie sich. Schließlich stand noch das Training für die Quadrille auf dem Programm. Sie winkte Elsa und Marc zu und schnappte sich ihr Fahrrad. Heute würde Sascha eben nicht ganz so gründlich wie sonst geputzt werden. Sie erreichte den Arnoldhof gleichzeitig mit Jenny, die sowieso immer zu spät kam.

Knapp zehn Minuten später machten sich die acht Reiterinnen auf den Weg zum Waldhof. Diesmal war die Stimmung allerdings ganz anders als am letzten Samstag. Sie fragten sich, ob es diesmal wenigstens ein bisschen besser klappen würde als bei ihrem ersten Versuch. Auch die Abschwitzdecken hatten diesmal alle dabei.

Frank hatte in der Halle schon wieder das Kreuz aus Sprüngen aufgebaut. Die Reiterinnen sollten die Pferde im Leichttrab warmreiten, dann ließ er sie wieder auf dem Zirkel galoppieren.

Endlich war es soweit. „Abteilung bilden, Lady übernimmt die Tete. Dahinter sortieren wir uns der Größe nach. Das heißt, hinter Lady geht Blacky, und ganz hinten dann Sascha und Frühlingsball."

Für Sarah war das perfekt: Sascha durfte hinter Lavinia herlaufen, was er sowieso den ganzen Tag am liebsten tat.

Die Abteilung trabte erst eine Runde, bis Frank den Befehl „Abteilung Galopp, maaaaaarsch!" gab. Alle Pferde fielen brav in den Galopp. Dann sollte jeder Zweite durch die ganze Bahn wechseln – damit liefen plötzlich zwei Abteilungen mit je vier Pferden durch die Halle. Für Sascha bedeutete das, dass er das beruhigend vor ihm herschaukelnde Hinterteil von Lavinia verlassen musste. Widerwillig legte er die Ohren an. Aber Sarah drückte energisch ihre Waden an den Bauch, und er bog brav ab. Sarah streichelte ihm kurz über den Hals.

Tatsächlich klappte es heute sehr viel besser als beim ersten Mal. Sogar als es Richtung Sprung ging, blieben die meisten Pferde ruhig.

Als sie später ihre Decken über die schwitzenden Pferde legten, stellte Frank eine wichtige Frage: „Welche Musik wollt ihr eigentlich für eure Quadrille haben? Habt ihr euch da schon etwas überlegt?"

Fragend sahen die Mädchen sich an. Jenny hatte sich offensichtlich als Einzige darüber Gedanken gemacht. Sie zog eine CD aus der Tasche ihres dicken Winterreitmantels. „Ich dachte, wir könnten ein paar coole Sachen aus den Charts nehmen …" Aber schon wurde sie von der Reiterin von Lady unterbrochen. „Ich habe da ein paar Beatles-Sachen, eingespielt von dem Londoner Philharmonie-Orchester, das passt doch gut zu einer Quadrille!" Und die kleine Solveig zwitscherte dazwischen: „Meine Mutter sagt immer, dass zu einer Kür eigentlich nur klassische Musik passt!"

Frank sah seine Schülerinnen an, die jetzt alle wild durcheinanderredeten. Er zog eine Augenbraue nach oben. „Ich sehe schon, das wird eine schwierige Entscheidung. Ich schlage vor, ihr stimmt euch bis zum nächsten Mal ab und bringt dann die Musik mit. Insgesamt wird eure Quadrille zwischen sechs und acht Minuten dauern – so lange sollten die Stücke also sein. Und sie muss zu Galopp passen. Jetzt bringt erst mal eure Pferde nach Hause. Vielleicht könnt ihr euch ja unterwegs einigen!“

Sarah genoss den Heimweg durch den dunklen, verschneiten Wald. Die Stille wurde allerdings bald unterbrochen von weiteren Diskussionen über die richtige Musik. Klassisch war den meisten zu langweilig, Beatles zu altmodisch, die Chartslieder einfach nicht lang genug, Volksmusik sowieso schrecklich. Und keiner wollte auf seine Lieblingsmusik verzichten.

Sarah schwieg zu den ganzen Vorschlägen, bis sie ihre Pferde vor dem Arnoldhof durchparierten.

Sie wandte sich zu Jenny. „Wäre es nicht am einfachsten, wir bringen alle unsere Lieblingsmusik mit und probieren das beim nächsten Mal aus? Vielleicht lässt sich zu manchen Melodien sowieso nicht reiten?“

Jenny nickte. „Gute Idee!“ Sie erhob ihre Stimme. „Ich glaube, so machen wir es: Jeder bringt seine CD mit, und wir hören uns dann beim nächsten Mal einfach alles an. Was haltet ihr davon?“

Alle nickten und verschwanden dann schnell im Stall, um die Pferde in ihre Boxen zu bringen.

Wenig später schloss Sarah zu Hause die Haustür auf. Die Geräusche aus dem Wohnzimmer verrieten, dass ihre Eltern vor dem Fernseher saßen. Sarah zog ihre dicken Wintersachen aus und lief auf Socken in die Küche. Sie holte einen großen Becher Vanille-Joghurt aus dem Kühlschrank und ging ins Wohnzimmer.

Ihr Vater saß vor seinem Kaminfeuer, ihre Mutter hockte im Schneidersitz auf der Couch.

„Ich bin wieder da!“, verkündete Sarah.

„Sssshhhh“, machte ihre Mutter. „Gleich kommt die Auflösung.“

Sarah grinste. Wenn es um Krimis ging, konnte nichts und niemand ihre Mutter vom Fernseher wegbringen. Auch keine Tochter, die viel zu lange im Stall geblieben war.

„Ich bin dann in meinem Zimmer“, verkündete Sarah und verschwand mit ihrem Joghurt die Treppe nach oben. Ihr Zimmer war klein, lag aber gemütlich unter der Dachschräge. An der Wand hing ein Bild, das Jenny ihr letztes Jahr geschenkt hatte: Es zeigte Sarah mit Sascha über einem Sprung. Sarah mochte besonders den Gesichtsausdruck ihres Pflegeponys darauf. Unter dem hochfliegenden Schopf leuchteten seine Augen, und man sah, dass er das Springen sehr liebte.

Sarah stöpselte ihren MP3-Player in die Lautsprecher ein. Noch während sie nach der richtigen Musik für einen gemütlichen Winterabend suchte, fiel ihr wieder die Sache mit der Quadrillen-Musik ein. Sie griff zu ihrem Handy. Wozu war sie mit einem Musiker befreundet? Nach einmal Klingeln meldete sich Ben.

„Sarah, gut, dass du anrufst!“

Sarah strich sich überrascht eine Strähne hinter das Ohr.

„Warum? Was ist los?“

„Hast du Lust, am Samstag mit zu einem Konzert zu kommen? Da spielt eine super Band! Wir könnten am Nachmittag mit dem Zug in die Stadt fahren, nach dem Konzert nimmt uns Fynns älterer Bruder mit zurück. Na, wie sieht's aus?“ Ben versuchte, lässig zu klingen, aber er wartete offensichtlich gespannt auf Sarahs Antwort.

Sarah schluckte. „Das ist eine super Idee, aber ...“

Ben ließ sie nicht ausreden. „... aber du musst wieder Pferdeleben retten. Richtig?“

Sarah versuchte, sich zu verteidigen. „Ich bin jeden Samstag in der Klinik, das weißt du doch.“

„Ja“, murmelte Ben. „Aber das kann man doch auch mal aussetzen. Das wird bestimmt total cool. Und die Pferde werden garantiert einen Samstag ohne dich auskommen! Oder hast du keine Lust?“

Sarah biss sich auf die Lippen. Sie wollte nicht gleich losflennen, bloß weil jemand sie blöd anredete.

Doch Ben verstand ihr Zögern falsch.

„Okay, sag einfach, wenn du keinen Bock hast. Das ist in Ordnung.“

Sarah schluckte. „Doch, schon. Aber eigentlich ist

am Samstag Abend wieder Training für diese Quadrille."

Bens Stimme wurde spöttisch. „Mit anderen Mädchen im Kreis rumreiten? Klar, da kann ich natürlich nicht mithalten." Er schwieg kurz, dann fragte er möglichst sachlich: „Und warum hast du angerufen?"

Sarah räusperte sich. Ausgerechnet jetzt kam sie noch mal mit dieser Quadrille an ...

„Wir haben heute für die Quadrille trainiert. Auf dem Heimweg haben sich alle in die Haare gekriegt, weil sie sich nicht auf eine Musik einigen können. Hättest du da eine Idee?"

„Wie wär's denn mit ‚Hoppe hoppe Reiter'?", klang es spöttisch aus dem Handy. „Nee, für so eine Veranstaltung habe ich keine Musik im Archiv."

Sarah wurde langsam sauer. So blöd musste sie sich nicht von ihm anquatschen lassen. Möglichst ruhig erwiderte sie: „Okay, war nur so eine Idee. Ich dachte, du hast so viel Ahnung von Musik ..."

Ben brummte etwas Unverständliches. Dann sagte er: „Okay, ich mache mir mal ein paar Gedanken. Aber ich kann nichts versprechen! Für Pferde ..."

„... hast du nichts übrig. Ich weiß." Sarah suchte nach einem versöhnlichen Abschluss für das Gespräch. „Sollen wir uns wenigstens am Freitag treffen? Da hätte ich Zeit!", schlug sie vor.

„Mal sehen", antwortete Ben ausweichend.

Sarah zuckte mit den Schultern. Okay, dann war es

ihr auch egal. „Lass uns telefonieren. Bis dann!“, verabschiedete sie sich knapp und klappte ihr Handy zu. Bei Ben wusste sie einfach nie, woran sie war. Mal war er der netteste Typ der Welt, dann hatte er für alles und jeden nur blöde Sprüche übrig. Idiot! Sie tauchte ihren Löffel in den Joghurt. Sie würden schon eine tolle Musik finden. Auch ohne Ben.

6 Natürlich hatte Ben sich nicht gemeldet. Und Sarah wollte auch nicht diejenige sein, die immer anrief. Stattdessen war sie Freitag um zehn ins Bett gegangen und kam jetzt schon früh am Morgen in die Klinik. Früh genug, um zu erleben, wie Christoph Karaseck der Klinik einen Besuch abstattete.

Der Fahrer stand mit hochrotem Kopf vor Elsa. „Wissen Sie eigentlich, was das bedeutet, wenn ich positiv auf Doping getestet werde? Ich darf monatelang kein Rennen fahren, die Pferdebesitzer geben ihre Pferde zur Konkurrenz. Und wenn ich dann endlich wieder auf den Sulky steigen darf, bin ich ruiniert!"

Elsa setzte zu einer Antwort an, aber Karaseck schrie schon weiter. „Für Sie mag das ja nur ein Brief sein, den Sie an die Rennleitung schicken. Aber warum halten Sie es nicht einmal für nötig, mich vorzuwarnen? Ich wurde gestern zur Rennleitung gebeten und bin da völlig unvorbereitet hingegangen!"

Endlich kam Elsa zu Wort. „Herr Karaseck, wir können nun wirklich nichts dafür. Das wissen Sie doch. Wir schicken den Urin oder das Blut ans Labor und geben die Ergebnisse dann an die Rennleitung weiter. Nur das ist unsere Aufgabe!"

Der Trabrennfahrer wollte sich aber nicht beruhigen. „ Ich lasse alle meine Pferde hier in der Klinik behandeln. Da hätte man mich doch warnen können. Dr. Wiegand hätte mich gestern früh anrufen können. Dann hätte ich vielleicht noch rausgekriegt, wer mir da an den Karren fahren will!“

Elsa sah auf den Brief, mit dem Karaseck fortwährend vor ihrem Gesicht herumwedelte. „Es tut mir leid. Aber an dem Tag, an dem wir den Befund an die Rennleitung weitergegeben haben, war Dr. Wiegand gar nicht in der Klinik. Es war Dr. Beringer, der den Brief weitergeschickt hat. Unser Assistenzarzt hat nicht gewusst, dass Sie langjähriger Kunde bei Dr. Wiegand sind. Ansonsten hätte er Sie sicher gewarnt. Aber am Ergebnis hätte das auch nichts geändert.“

Karaseck sah noch einmal auf den Brief in seiner Hand. „Nein. Und ich habe absolut keine Erklärung für diese Werte.“ Er wurde leiser. „Ein Pferd wie ‚In Extremis‘ hat das doch gar nicht nötig. Der gewinnt ohne jedes Aufputschmittel.“ Er schüttelte den Kopf. „Das hat mir einer untergeschoben. Ganz bestimmt! Aber wie kann ich das nur beweisen?“

„Wir werden Sie unterstützen, wo wir können“, tröstete Elsa den Rennfahrer. „Wenn Sie eine Idee haben, wie das Theobromin in das Blut von ‚In Extremis‘ gelangt ist, geben Sie uns Bescheid. Wir untersuchen das!“

Karaseck schüttelte den Kopf. „Wenn ich nur irgendeinen Anhaltspunkt hätte. Aber es ist alles wie immer. Ich habe nichts geändert. Kein Futter, keinen Mineralzusatz, kein Waschmittel. Nicht einmal die Sattelseife ist von einer anderen Marke. Ich habe mir schon die ganze Nacht den Kopf darüber zerbrochen!" Er wandte sich zum Gehen. „Sagen Sie der Frau Doktor, dass sie mich anrufen soll, wenn sie in die Klinik kommt."

„Sicher, mache ich." Elsa nickte ihm zu.

Karaseck verschwand. Elsa sah ihm nachdenklich hinterher. „Er tut mir fast leid. Mit dem positiven Dopingtest kann seine Karriere zu Ende sein."

„Aber daran ist er doch selber schuld!", rief Sarah. „Er kennt die Regeln, er weiß, dass er seinem Pferd nichts geben darf."

„So einfach ist das nicht", ertönte Marcs Stimme vom Labor her. Der Assistenzarzt erschien in der Tür zum Empfangszimmer. „Es gibt sehr viele verbotene Stoffe und Mittel, die Trainer und Besitzer aus Versehen den Pferden füttern oder sie damit behandeln. Erinnert ihr euch nicht an die Geschichte von dieser Meisterschaft der Vierspänner? Da hat unser deutscher Weltmeister seinen Titel verloren, weil im Blut von einem seiner Pferde Baldrian gefunden wurde. Er hat auf eigene Kosten nachgewiesen, dass auf der Koppel, die ihm während des Wettkampfes zur Verfügung gestellt worden ist, das Kraut wuchs. Und obwohl der Verband ihm den Titel sogar zurückgegeben hätte:

Seine Konkurrenz hat geklagt und recht bekommen. Hässliche Geschichte."

„Das ist doch ungerecht", empörte sich Sarah. „Wenn er doch nichts davon wusste?"

„Darum geht es aber nicht", erklärte Marc. „Es geht um Konkurrenz. Und um die sogenannte Null-Regelung im Reitsport. Das bedeutet, die Pferde dürfen nicht die kleinsten Mengen im Blut haben. Das ist auch durchaus sinnvoll: Pferde können sich schließlich nicht wehren. Wenn ein menschlicher Sportler irgendetwas einwirft, ist es immerhin seine eigene Entscheidung …"

Sarah fiel auf, dass Elsa geistesabwesend das Telefon anstarrte. Sie kannte diesen Blick und hatte einen leisen Verdacht, mit wem das zusammenhing.

„Was ist, Elsa? Wartest du auf einen Anruf?"

Elsa nickte. „Ben, wieder mal. Er ist gestern nicht nach Hause gekommen. Und ich erreiche ihn nicht am Handy." Sie sah Sarah fragend an. „Hast du eine Ahnung, wo er stecken könnte?"

Sarah nickte zögernd. Sie wollte nicht petzen, aber Elsa machte sich ja wirklich Sorgen. „Er wollte heute auf ein Konzert. Ich glaube, er hat geplant, erst ziemlich spät nach Hause zu kommen. Und gestern war er wohl mit Morgenstern zusammen." Das war nur eine Vermutung, aber Sarah wusste, dass Ben bei den Proben mit seiner Band oft die Zeit vergaß. Dann rollte er sich einfach auf dem alten Sofa im Probenraum unter einer ebenso alten Decke zusammen. Und das war eigentlich kein Geheimnis, das hatte Elsa auch schon mitbekommen.

„Das ist doch nicht ungewöhnlich“, sagte Sarah tröstend zu Elsa.

Die wiegte den Kopf. „Schon. Aber immer kurz vor seinem Geburtstag wird er so merkwürdig. Er will nicht, dass wir feiern, er will nicht, dass irgendjemand davon weiß …“

„Er hat Geburtstag?“, rief Sarah. „Das wusste ich gar nicht. Wann?“

„Siehst du!“, sagte Elsa. „Nicht einmal du weißt es! Er hat am 22. Februar Geburtstag. In zwei Wochen. Aber von mir weißt du das nicht, ja? Ben hat mir schon als Kind streng verboten, irgendjemandem zu sagen, wann er Geburtstag hat.“

„Komisch!“ Sarah hatte sich zwar daran gewöhnt, dass Ben alles anders machte als andere Menschen. Aber den eigenen Geburtstag nicht verraten – das war mal wirklich seltsam.

Marc grinste. „Was ist? Willst du unser Empfangszimmer heute noch mal verlassen, um etwas zu tun?“

Sarah verschwand schnell Richtung Stall, damit niemand merkte, dass sie rot wurde. „Bin schon bei der Arbeit! Wo ist eigentlich Dr. Wiegand?“

„Auf Außenterminen. Sie dreht heute eine ziemlich große Runde. Ich brauche dich also wirklich.“ Er kam hinter Sarah her und flüsterte dann: „Peter ist heute ein Totalausfall. Er hat schon vorhin kaum den Stall gemistet, jetzt hat er sich schlafen gelegt. Keine Ahnung, was mit dem los ist. Kümmerst du dich um die Routinesachen? Ich bin im Labor, wenn du mich brauchst."

„Klar, mache ich." Sarah ging in den Stall und sah sich um. Das schien ein ruhiger Tag zu werden. Nur fünf Pferde waren im Moment in der Klinik. Cala November sah ihr mit gespitzten Ohren aus der Box entgegen. Sarah musste lachen. Die braune Stute hatte wirklich sehr lange Ohren. Es sah lustig aus, wenn sie die spitzte.

Am besten, sie fing mit Cala an, dann konnte sie auch gleich nach ihr sehen. Sie öffnete die Boxentür und mistete die Box ab. Dann legte sie Cala ein Halfter an und holte ein Thermometer. Das Ergebnis machte ihr Sorgen. Warum hatte die kleine Traberstute plötzlich fast 39 Grad Temperatur? Sarah schloss die Boxentür und rannte ins Labor.

„Marc? Die Traberstute hat erhöhte Temperatur! Was kann das sein?"

Marc kam sofort mit. „Ich hoffe, die Operationswunde hat sich nicht entzündet! Aber den Gips müssen wir auf jeden Fall abnehmen." Er betrachtete die Stute kritisch. „Ob wir ihr dafür ein Beruhigungsmittel geben müssen?"

Sarah schüttelte den Kopf. „Nein, sie ist total brav. Bis jetzt hat sie alles mitgemacht. Angeblich ist das nicht ungewöhnlich für die Rasse. Dr. Wiegand meinte, Traber hätten fast alle einen besonders guten Charakter. Dafür würde es ihnen hin und wieder an Schönheit fehlen.

Marc lachte und zupfte die braune Stute an den Ohren. „Na, da hat sie wohl zweimal ‚Hier' gerufen, als die großen Löffel verteilt wurden." Er maß noch einmal Fieber, dann entschied er, den Gips abzunehmen.

Er holte die Schere und schnitt schnell und geschickt die harte Schale auf. Als er das Bein komplett freigelegt hatte, atmete er hörbar auf. Er deutete auf die Operationsnarbe. „Schau mal, die sieht gut aus. Ich hatte schon Sorge, dass sie sich entzündet haben könnte. Wenn da etwas an den Schrauben passiert, mit denen wir die Fessel zusammenhalten, kann man fast nichts mehr machen. So ist es aber harmlos." Marc zeigte auf eine kleine Stelle weiter oben. „Da ist eine kleine Druckstelle vom Gips. Da hat sich wohl die Polsterung verschoben, und die Stelle hat sich leicht entzündet. Ich gebe ein wenig Salbe darauf, dann können wir das Ganze wieder eingipsen. Ich spritze ihr dann noch ein Antibiotikum, damit sich die Entzündung nicht weiter ausbreitet."

Sarah nickte erleichtert und begann damit, die anderen Pferde in der Klinik zu versorgen. Eines brauchte nur eine einfache Wundversorgung mit einem Desinfektionsmittel, ein anderes sollte für eine halbe

Stunde auf das Laufband. Sarah arbeitete konzentriert und merkte gar nicht, wie die Zeit verging. Bis plötzlich schwere Schritte über die Stallgasse polterten.

„Na, Kleine?“, dröhnte es neben ihr. Erschrocken sah Sarah auf. Es war Peter, der Pfleger der Klinik. Sonst war er schweigsam, mürrisch und redete kein Wort zu viel. Aber jetzt wirkte er total verändert. Er sah sie mit glasigen Augen an. „Has’ du jetzt ennlich auch ma die Rennbahn gesehn?“, lallte er undeutlich.

Sarah wich unwillkürlich einen Schritt zurück. „Ja“, murmelte sie.

„Dolle Leute da.“ Peter schien nachzudenken, bevor er wiederholte: „Dolle Leute.“ Mit dieser Aussage schien er seinen Vorrat an Wörtern erschöpft zu haben. Er wankte weiter zu Calas Box und stierte die Stute an, die dösend in der Ecke stand.

„Und dolle Pferde …“ Peter hielt sich an der Boxenwand fest. „Die da is’n feines Pferdchen. Hab ihre Mutter gekannt.“

Sarah bezweifelte, dass Peter noch irgendjemanden kannte. Sie legte den Lappen weg, mit dem sie gerade ein Tablett mit Instrumenten geputzt hatte, und öffnete die Tür zum Labor. „Marc?“

Der Assistenzarzt sah von seinem Mikroskop auf. „Was gibt’s?“

„Peter ist im Stall. Er ist so merkwürdig. Kannst du mal kommen?“

Marc stöhnte. „Wenn er so ist wie heute Morgen,

weiß ich, was das merkwürdig ist." Er ging sofort zu Peter, der immer noch an Calas Box hing und die Stute anstarrte.

Marc stellte sich neben ihn hin. „Puh! Peter, du stinkst wie ein Schnapsfass. Geh ins Bett und schlaf dich aus. In diesem Zustand hast du im Stall nichts verloren!"

„Aber es passiert schon wieder!", beharrte Peter mit der weinerlichen Stimme eines Betrunkenen.

Marc ging nicht darauf ein. „Ja ja, es passiert schon wieder. Vor allem passiert jetzt, dass du ins Bett gehst. Lass dich hier nicht mehr blicken." Marcs Stimme wurde scharf. „Was, wenn dich hier ein Kunde sieht? Die glauben noch, dass wir Alkoholiker als Pflegepersonal beschäftigen. Verzieh dich, Peter!"

„Aber …", versuchte der Pfleger zu widersprechen.

„Nix aber! Verschwinde!" Offensichtlich hatte Marc den richtigen Ton getroffen. Peter wankte wieder die Treppe zu seiner Kammer hoch.

„Mensch." Marc sah ihm angewidert nach. „Das müssen wir wohl der Chefin sagen, wenn sie wiederkommt."

„Ja." Sarah seufzte. „Hat er das schon mal gemacht?"

Marc sah ratlos aus. „Nicht, solange ich hier bin. Aber ich bin ja auch erst nach dir gekommen."

„Er ist seit einem guten Jahr in der Klinik", berichtete Sarah. „Das hat er mir mal erzählt."

„Erzählt?" Marc sah Sarah belustigt an. „Er erzählt dir etwas? Ich dachte immer, Peter kann gar nicht reden!"

Sarah lachte. „Okay. Vielleicht nicht direkt erzählt. Ich habe ihn gefragt, und er hat gesagt, dass er seit einem Jahr hier ist. Nicht eine Silbe mehr!"

Sie beendeten gemeinsam die Arbeit im Stall. Wenig später fuhr draußen vor der Klinik der Kombi von Dr. Wiegand vor.

Marc informierte sie über die entzündete Druckstelle an Calas Bein, und die Tierärztin nickte. „Gut gemacht! Zum Glück hat sich die Fessel nicht entzündet! Ist sonst noch etwas passiert?"

Marc und Sarah wechselten einen schnellen Blick.

„Na ja", meine Marc. „Peter ist heute ausgefallen."

„Ist er krank?", wunderte sich die Tierärztin.

„Nein, nicht direkt. Außer man betrachtet zu viel Alkohol als Krankheit", antwortete Marc.

„Er hat getrunken? Das hat er doch nicht mehr gemacht, seit ich ihm den Job angeboten habe! Das hat er mir versprochen." Wütend drehte Dr. Wiegand sich um und lief zu Peters Kammer.

„Jetzt gibt's Ärger!", bemerkte Marc trocken.

Sarah nickte, sah auf ihre Uhr und erschrak. Sie musste zum Arnoldhof, wenn sie noch rechtzeitig für die Quadrille da sein wollte.

„Ich muss los!", rief sie und rannte in den Empfangsraum, in dem ihre Winterjacke lag.

Elsa sah sie hoffungsvoll an. „Hast du was von Ben gehört?"

Sarah schüttelte den Kopf. „Nein. Aber mach dir keine Sorgen. Fynns Bruder nimmt ihn heute nach dem Konzert wieder mit nach Hause."

Elsa nickte, aber sie seufzte tief und wirkte alles andere als beruhigt.

Das Training für die Quadrille war schrecklich. Alle außer Sarah hatten eine CD dabei, die sie unbedingt einlegen wollten. Frank hatte sich bei zwei CDs einfach geweigert, sie auch nur anzuhören. „Weihnachtslieder im Februar? Ihr seid ja nicht ganz sauber. Und auf Marschmusik habe ich wirklich keine Lust. Da müsst ihr euch einen anderen suchen."

Und die restliche Musik fand keine Gnade bei den Reiterinnen. Solveigs klassische Musik erwies sich gegen Ende der Stunde als die einzige, auf die sich alle einigen konnten. Aber Frank sprach allen aus dem Herzen, als er meinte: „Das ist wirklich sterbenslangweilig!"

Wenigstens war die Quadrille selbst weiterhin alles andere als langweilig. Irgendein Pferd fand immer, dass die vielen durcheinanderspringenden Kollegen ein guter Anlass waren, um aus der Reihe zu tanzen. Nur Annas Blacky blieb schläfrig wie immer. Und Sascha machte höchstens mal einen kleinen Bocksprung.

Als sie nach Hause ritten, war die Stimmung gedrückt. Alle hatten sie sich auf einen tollen Auftritt vor dem ganzen Verein gefreut – und jetzt sah es so aus, als ob sie nur ein paar Minuten zu langweiligem klassischem Gesäusel herumspringen würden …

7

Als am nächsten Morgen der Wecker schrillte, war es draußen noch dunkel. Sarah schielte auf die Leuchtziffern. Viertel nach sechs. Das war an jedem Morgen schrecklich, aber mitten im Winter und auch noch am Sonntag war es eine Strafe. Was hatte Paula gesagt? „Zieh dich warm an!“

Sarah verließ widerwillig ihr kuscheliges Bett, stellte sich vor den Schrank und zog sich an. Lange Unterhosen, langärmeliges T-Shirt, dickes Fleece-Hemd und Thermo-Hose. Sarah kicherte, als sie sich im Spiegel betrachtete. Sie sah aus wie eine Tonne. Über ihre langen Haare stülpte sie sich noch eine Mütze, um den Hals wickelte sie sich einen Schal, dann machte sie sich auf den Weg. Die Trabrennbahn war einige Kilometer entfernt, dagegen war der Weg zum Arnoldhof oder zur Klinik ein Kinderspiel.

Sarah trat schnaufend in die Pedale. Draußen wurde es nur ganz langsam hell. Wenigstens wurde ihr so ein bisschen warm. Um kurz nach sieben war sie tatsächlich am Tor zur Rennbahn. Sie traute ihren Augen kaum, als sie sah, dass sich auf der Rennbahn Pferde im gemütlichen Trab durch die Morgendämmerung bewegten. Die vermummten Gestalten auf den einachsigen kleinen Kutschen sahen alle gleich aus, sie konnte Paula nirgends erkennen.

Sarah sah sich suchend um, als ein grobknochiger Brauner auf sie zutrabte.

„Du bist ja tatsächlich gekommen!“, ertönte Paulas Stimme hinter dem dicken Schal. „Los, steig auf!“ Paula rutschte auf der kleinen Bank zur Seite, und Sarah sprang auf den Wagen. Geschickt sortierte Paula die Leinen und lenkte den Braunen zurück auf die Mitte der Bahn.

„Wie ich dir gesagt habe: Beim Ausdauertraining geht es ganz gemütlich zu!“, erklärte Paula. „Die Pferde sollen möglichst gleichmäßig traben, da geht's nicht um Geschwindigkeit.“

„Und damit verdienst du Geld?“, fragte Sarah.

Unter dem dicken Anorak konnte man das Schulterzucken von Paula nur erahnen. „Reich wird man damit nicht. Aber mir macht es Spaß, es erinnert mich an früher, als wir noch das Gestüt hatten. Papa hat mich schon mit acht meine ersten eigenen Runden fahren lassen. Natürlich nur mit ganz braven Pferden.“

„Möchtest du später mal auf der Rennbahn arbeiten?“ Sarah fand das nur logisch. Immerhin arbeitete sie selber in der Pferdeklinik, weil sie irgendwann mal Tierärztin für Pferde werden wollte.

Paula runzelte die Stirn. „Später gibt es wahrscheinlich keine Trabrennen mehr in Deutschland. Ich zeige dir nachher mal die Anlage, aber du hast es ja letzten Sonntag schon gesehen: Es kommen nicht mehr viele Zuschauer.“ Fast trotzig redete sie weiter. „Aber ich möchte trotzdem meinen Pferdewirt mit Schwerpunkt Trabrennfahren machen. Dann muss ich allerdings in Italien, Frankreich oder in den USA arbeiten. Da ist der Trabrennsport immer noch eine große Sache.“

„Ist das gefährlich?“, wollte Sarah wissen. Ihr fiel wieder der reglose Trabrennfahrer bei Cala Novembers Unfall ein. „Wie geht es eigentlich dem verletzten Fahrer von dem Fuchs?“

„Dem ist nichts Schlimmes passiert“, beruhigte Paula sie. „Er war nur bewusstlos, weil er auf dem Kopf gelandet ist. Aber der Helm hat eine schlimmere Verletzung verhindert. Trabrennen sind sowieso nicht so wahnsinnig gefährlich. Den Renn- oder Springreitern passiert viel öfter etwas! Du hast ja selber gesehen, Calas Fahrer ist mit ein paar blauen Flecken davongekommen. “

Eine halbe Runde lang hockten die beiden Mädchen schweigend hinter dem Braunen, der so regelmäßig wie ein Uhrwerk vor ihnen hertrabte. Plötzlich puffte Paula Sarah an. „Wie sieht es aus? Möchtest du auch mal die Leinen halten?“

Sarah sah Paula überrascht an. „Darf ich? Ehrlich?“

„Klar, das ist nicht schwer, was wir hier machen.“ Sie drückte Sarah die Leinen in die Fäustlinge und erklärte: „Du darfst aber auf keinen Fall daran ziehen! Für die Traber ist das ein Zeichen, dass sie schneller werden sollen."

Sarah sah auf die Leinen in ihren Händen, die ihr plötzlich ziemlich nutzlos vorkamen. „Und wie haltet ihr die Pferde dann an?"

„Mit der Stimme. Und du kannst ein bisschen am Zügel zupfen – aber nie einfach stur gegenhalten! Das ist das Problem, wenn sich Freizeitreiter mit wenig Geld einen ausgedienten Renntraber kaufen. Die setzen sich drauf, nehmen die Zügel in die Hand, und die Pferde rasen los. Dann denken die Reiter, sie haben ein bösartiges Pferd. Stimmt aber nicht: Sie haben nur ein sehr gut ausgebildetes Pferd für die Rennbahn, das erst lernen muss, ein Reitpferd zu sein."

Sarah bemühte sich, die Leinen möglichst locker zu halten und den Wallach nur hin und wieder ein bisschen enger an den Innenzaun der Rennbahn zu steuern. Nach zwei Runden fing es an, ihr Spaß zu machen. Paula sah auf ihre Uhr. „So, jetzt kommt die letzte Runde für ihn, da darf er ein bisschen schneller werden. Nimm die Zügel nur ein wenig an und schnalze leise mit der Zunge."

Sarah machte genau das, was Paula gesagt hatte – und tatsächlich begannen die Hinterbeine vor ihr energisch zu arbeiten. Der Fahrtwind war eisig und trieb Sarah die Tränen in die Augen. Während der Wallach an Tempo zulegte, nahm Paula ihr die Leinen wieder aus der Hand und lächelte entschuldigend. „Das mache ich wohl doch lieber selbst."

Sie lehnte sich ein bisschen zurück und schnalzte noch einmal. „Komm, vorwärts!"

Sarah kam es so vor, als würde der kleine Wagen einen Satz nach vorne machen, so schnell beschleunigte der Braune. Sein langer Schweif peitschte ihr ins Gesicht, und sie lehnte sich zur Seite, um trotzdem etwas sehen zu können. Es war ein aufregendes Gefühl. Sie war fast enttäuscht, als Paula nach einer weiteren Kurve die Hände sinken ließ und aufhörte, den Wallach anzutreiben. Das Tempo wurde wieder gemütlich, und bei der Schranke, die zu den Ställen führte, lenkte Paula das Pferd von der Rennbahn.

Im Schritt zuckelten sie an ein paar Stallungen vorbei, bis sie ein Gebäude erreichten, das direkt am Zaun des Rennbahngeländes lag. „Stall Hesse" stand auf einem blank polierten Messingschild an dem Tor. Sarah dachte nach. Wo hatte sie diesen Namen schon einmal gehört?

Aber ihr blieb keine Zeit zum Grübeln. Paula sprang von der Sitzbank, lief nach vorne und rief über die Schulter: „Hilfst du mir?"

„Wenn du mir sagst, was ich machen soll – gern!" Sarah kicherte. „Ich habe keine Ahnung, wozu welche Leine gut sein soll."

„Kein Problem, ich erkläre es dir!", meinte Paula .

Gemeinsam schirrten sie den Braunen ab. Er blieb

so ruhig wie ein Denkmal dabei stehen. Sarah streichelte ihm über die Nase. „Der ist ja wirklich brav. Wie heißt er?", wollte sie wissen.

„Don Romance. Rennpferde haben oft ziemlich dämliche Namen. Er wird Donny genannt, das klingt nicht ganz so kitschig."

„Wer hat denn eurer Cala den Namen gegeben?"

„Das war ich, zusammen mit Papa. Aber es ist ja auch nur ein zusammengesetzter Name aus Vater und Mutter. Ich fand es nur schön, dass Cala d'Or's Tochter auch Cala heißt. Und wenn man schon eine Tochter von General November besitzt, dann will man doch, dass jeder das weiß! Wie heißt denn dein Pflegepony?"

Sarah winkte ab. „Er heißt Sascha. Aber ich glaube nicht, dass sich irgendjemand groß Gedanken über den Namen gemacht hat. Ich schätze, die Tochter seiner Besitzerin hat ihn so genannt."

Paula legte Donny eine Decke über, klopfte noch einmal seinen Hals und winkte Sarah, ihr zu folgen. „Komm, ich zeige dir jetzt mal die Teile der Rennbahn, die du letzten Sonntag sicher nicht gesehen hast."

Sarah folgte ihr neugierig. Als Erstes gingen sie in die Sattelkammer vom Stall Hesse. Sarah betrachtete die vielen verschiedenen Zaumzeuge und Gebisse, die an der Wand hingen. „Wer kann denn da den Überblick behalten?", fragte sie.

„Das kann nur der Hesse, dem dieser Stall gehört. Da kriegt wirklich jedes Pferd genau das, was es braucht."

Sarah befingerte einen schmutzig-gelben Schaumstoffstöpsel, der ebenfalls an der Wand hing. Sie konnte sich beim besten Willen nicht vorstellen, wozu das gut sein sollte. „Und wozu braucht man das?"

Paula deutete auf die Schnüre, die an den Stöpseln hingen. „Diese Schnüre hält der Fahrer mit in der Hand. Während eines Rennens kriegt das Pferd die Stöpsel in die Ohren. Dann wird es von dem Lärm auf der Rennbahn nicht abgelenkt. Wenn sie dann in die Zielgerade einbiegen, zieht der Fahrer die Stöpsel aus den Ohren. Die Pferde hören urplötzlich den Lärm – und rennen in Panik noch schneller."

Sarah schüttelte empört den Kopf. „Die Pferde werden erschreckt, damit sie schneller rennen?"

Paula sah sie an. „Wenn ein Springreiter in einem Parcours mit der Springklatsche seinem Pferd an die Schulter schlägt, dann möchte er ja auch, dass es vor dem Geräusch erschreckt und losspringt. Wo ist der Unterschied?"

Sarah dachte über die Antwort nach. Wenn sie ehrlich war, war beides nicht besonders nett gegenüber dem Pferd. Plötzlich erklang hinter ihnen eine heisere Stimme. „Der Trick mit dem Lärm funktioniert auch nicht bei allen Pferden. Manche erschrecken so, dass sie angaloppieren, andere bekommen Angst und trauen sich nicht mehr, zu rennen. Es ist so, wie Paula sagt: Bei den Springpferden erschrecken ja auch einige und machen nach dem Einsatz der Klatsche einen Fehler. Andere dagegen springen los." Der Mann lächelte. „Es ist die Kunst eines guten Trainers, herauszufinden, was funktioniert und was nicht."

Er streckte seine Hand aus. „Mein Name ist übrigens Helmuth Hesse. Bist du nicht die kleine Assistentin, die Dr. Wiegand beim letzten Renntag dabeihatte?"

Sarah nickte und versuchte, sich nicht anmerken zu lassen, wie sehr sie es hasste, wenn jemand sie „klein" nannte. „Ja, ich bin Sarah Stürmer. Paula wollte mir ein bisschen den Stall zeigen. Ich kenne mich überhaupt nicht aus im Trabrennen."

Hesse grinste. „Dann hast du dir die beste Führerin von allen ausgesucht. Paula hat auf einem Sulky gesessen, bevor sie laufen konnte." Er wurde ernst. „Wie geht es denn der Stute der Altdorfers? Sie ist doch bei euch in der Klinik, oder?"

Sarah nickte. „Ja, Dr. Wiegand hat sie direkt nach dem Unfall operiert. Bis jetzt verläuft alles gut, aber mehr können wir erst sagen, wenn wir die Fessel nachröntgen. Hoffentlich macht Cala November in der Zwischenzeit keine blöde Bewegung."

Hesse schüttelte den Kopf. „War aber auch ein Riesenpech. Die Stute könnte ein echter Champion werden." Er lächelte Paula aufmunternd zu. „Ich drücke euch auf jeden Fall die Daumen. Und du kannst gerne dem Mädchen aus der Klinik alles hier zeigen!“

Paula sah ihm hinterher, als er aus der Kammer stapfte. „Er ist ganz okay. Mit ihm komme ich besser zurecht als mit Karaseck.“

Sarah wusste, was sie meinte. „Ich fand Karaseck letztes Wochenende auch schrecklich, als wir bei ihm eine Dopingprobe genommen haben.“

Jetzt fiel ihr wieder ein, wann sie Hesses Namen schon mal gehört hatte. Er war der Konkurrent von Karaseck. Wenn dieser wirklich gedopt hatte, würden wohl einige Pferde in den Stall zu Hesse kommen.

Paula war zum nächsten Raum gegangen. „Komm, das ist die Futterkammer.“

Sarah folgte ihr. Die Haferquetsche sah aus wie in jedem anderen Stall, und auch die Zusatzfuttermittel wirkten nicht ungewöhnlich. Sie atmete tief ein. Schon immer hatte sie den Geruch in einer Futterkammer gemocht. Es roch nach Heu, Hafer, ein wenig Minze – und merkwürdig süß. Nachdenklich kräuselte Sarah die Nase. Das hatte sie noch nie gerochen. Suchend sah sich sie um. „Was kriegen eure Traber denn zu fressen?“

„Hafer und Heu – das ist wohl nicht so aufregend. Und ein Hochleistungsfutter, wenn sie gerade im Renntraining sind.“ Paula deutete auf die Ecke, in der einige leuchtend grüne Säcke standen. Auf den Säcken waren Traber im vollen Renntempo abgebildet. Darunter stand „Mehr Leistung, ohne die Nerven zu verlieren!". Sarah las den Satz halblaut vor. Paula erklärte: „Wenn Traber zu nervös werden, dann galoppieren sie schneller. Ein guter Traber muss cool sein."

Damit ergab der Werbespruch wenigstens einen Sinn. Darüber stand noch „Mühle Haferkamp – Hochleistungsfutter für Trabrennpferde". Sarah sah sich noch einmal um. Sie konnte trotzdem nicht erkennen, was hier so lecker süß roch.

Gemeinsam mit Paula verließ sie den Stall. Sie machten eine große Runde über die Stallanlagen, die zum Teil leer standen. Paula erzählte von den Zeiten, als hier noch überall Trabrennpferde im Training standen. Jetzt türmten sich vor einigen Stalltüren Schneewehen, und die Gebäude hätten dringend einen neuen Anstrich vertragen. Sarah machte der Anblick ebenso traurig wie Paulas Geschichten. „Damals haben sich noch viele Handwerker einen Traber gehalten. Einfach so, als Hobby. Hin und wieder haben ihre Pferde am Sonntag beim Rennen gewonnen, das reichte vielen Besitzern schon …" Paula verstummte mitten im Satz. Sie zog Sarah hinter einen kahlen Busch. Durch die Zweige sah man zwei Männer, die miteinander redeten.

„Wer …?", setzte Sarah an, aber Paula legte ihren Finger an die Lippen. „Pssst. Vielleicht können wir hören, was die beiden reden!"

Die Männer kamen näher, sie unterhielten sich laut

und aufgeregt. Sarahs Herz begann heftig zu klopfen, als sie einen der Männer erkannte. Das war Peter! Sie hatte den Pfleger noch nie außerhalb der Klinik gesehen. Er war meistens im Stall. Wenn er freihatte, verkroch er sich in seiner Kammer unter dem Dach. Was machte er bloß heute auf der Rennbahn?

„Er redet mit Karaseck!“, zischte Paula neben ihr.

Sarah sah das Mädchen überrascht an. „Woher kennst du ihn?“

„Der hat eins von Hesses Pferden gedopt“, wisperte Paula. „Den haben sie überführt, seitdem hat er sich hier nicht mehr blicken lassen. Und das war auch gut so. Doper haben hier nichts verloren! Ich frage mich, was er mit dem Karaseck zu reden hat …“

Doch die beiden Männer kamen nicht nahe genug, um zu verstehen, worüber sie redeten. Nur einzelne Wortfetzen wehten zu ihnen herüber.

„… das Gleiche! Jetzt bist du …“, rief Peter aufgeregt. Karaseck schüttelte Peters Hand auf seiner Schulter unwirsch ab. „… nichts mit dir zu tun.“ Endlich hatte Karaseck sich aus Peters Griff befreit. Mit schnellen, wütenden Schritten ging er zurück zu seinem Stall, während ihm Peter lange nachsah. So hatte Sarah den knurrigen Pfleger noch nie gesehen. Er wirkte irgendwie verzweifelt.

Paula neben ihr redete weiter. „Das ist jetzt mehr als ein Jahr her, dass der von der Rennbahn verwiesen wurde.“

„Was hat er denn genau gemacht?", wollte Sarah wissen. Sie erwähnte lieber nicht, dass sie Peter auch kannte. Noch dazu aus der Marienwaldklinik. Wenn Paula und ihr Vater ihn bisher nicht gesehen hatten, dann war ihr das im Moment nur recht.

Paula dachte kurz nach. Dann schüttelte sie den Kopf. „So genau weiß ich das auch nicht. Aber er hat bei Hesse als Pfleger gearbeitet und bei ihm ein Pferd gedopt. Ich glaube, er wurde aber nicht einmal angezeigt. Mein Vater weiß sicher genauer, was damals passiert ist. Ich frage mich, warum der wieder hier aufkreuzt. Und ausgerechnet bei Karaseck."

„Karaseck wurde positiv getestet", bemerkte Sarah.

Paula bekam große Augen. „Woher weißt du das?"

Sarah zog eine Grimasse. „Was denkst du wohl? Unsere Klinik macht die Dopingtests!"

„Weiß das die Rennleitung schon?", wollte Paula wissen.

„Ja." Sarah nickte. „Aber offensichtlich hat es sich noch nicht rumgesprochen. Bis jetzt ist es ja auch nur ein Verdacht. Karaseck hat noch nicht offiziell dazu Stellung genommen. Und die B-Probe wurde noch nicht geöffnet."

Paula knabberte nachdenklich an ihrem Daumennagel. „Vielleicht hat Karaseck sich ja das Mittel von dem ehemaligen Pfleger von Hesse besorgt. Da ist es natürlich peinlich, wenn dieser Pfleger hier auftaucht."

Auch wenn Sarah Peter nicht besonders mochte – das konnte sie sich wirklich nicht vorstellen. Aber da sie nicht weiter darüber reden konnte, ohne zuzugeben, dass sie Peter kannte, schwieg sie lieber.

Zum Glück tauchte in dieser Sekunde Paulas Vater auf und lud die beiden Mädchen zu einer Tasse heißer Schokolade ein.

„Soll ich dich zurück zur Klinik fahren?“, fragte er danach.

„Ich bin mit dem Fahrrad da“, sagte Sarah bedauernd. Aber das ließ Altdorfer nicht gelten. Geschickt verstaute er das Fahrrad in seinem Jeep. „So können wir auch gleich nach Cala sehen“, erklärte er.

Sarah war froh, dass sie sich die zweite eisige Fahrradfahrt an diesem Tag sparen konnte. Nach ein paar Minuten im mollig warm beheizten Jeep erreichten sie die Klinik, die verlassen dalag. Nur Cala wieherte ihren Besitzern entgegen und humpelte mit ihrem Gipsbein zur Boxentür.

Altdorfer kraulte sie zwischen den Ohren und schob ihr ein Leckerli zwischen die Lippen. „Na, hoffentlich wirst du wieder gesund, kleines Mädchen“, murmelte er. Das hoffte Sarah auch. Es wäre sehr schade, wenn ausgerechnet das letzte Pferd der Altdorfers wegen eines blöden Unfalls keine Rennen mehr laufen konnte.

Dann verabschiedete sie sich von den Altdorfers, schwang sich auf ihr Rad und radelte nach Hause.

Sarah sah auf ihre Uhr. Wenigstens würde sie rechtzeitig zum Mittagessen zu Hause sein. Und es wurde Zeit, mal wieder bei Ben anzurufen …

8 „Und was machst du an deinem Geburtstag?“ Sarah sah Ben gespannt an.

„Keine Ahnung. So besonders ist das ja auch wieder nicht“, antwortete Ben ohne jede Begeisterung. Er kickte einen kleinen Eisbrocken in einen halb vereisten Bach. Eine Ente flog empört quakend auf.

Sarah sah ihn erstaunt an. „Ich finde schon. Alle müssen nett zu einem sein, es gibt Geschenke, meine Mutter macht mein Lieblingsessen ... Das ist doch schön!“

„Kann sein. Nächstes Jahr feiere ich ganz bestimmt, da werde ich achtzehn. Dann kann mir meine Mutter endlich keine Vorschriften mehr machen.“ Ben hatte offensichtlich keine Lust, über das Thema Geburtstag zu reden. Er grinste schief. „Mir reicht es als Geschenk schon, wenn du mal mit mir spazieren gehst.“

Sarah wurde rot und blickte schnell nach vorne. Sie liefen einen schmalen Weg am Waldrand entlang. Dicker Raureif lag auf den gefrorenen Ästen, und vor ihren Gesichtern stand ihr Atem wie dicker Qualm.

Sarah wickelte den Schal fester um den Hals. „Du klingst auch schon wie meine Mutter. Die findet immer, dass ich öfter zu Hause sein soll ... Wenn erst mal diese Quadrille vorbei ist, habe ich auch wieder mehr Zeit. “

„Wie läuft’s denn? Habt ihr euch inzwischen auf irgendeine Musik geeinigt?“

Sarah schüttelte den Kopf. „Nein. Das heißt, ja. Wir reiten jetzt zu irgendeinem klassischen Gedudel. Das regt niemanden auf, aber ist auch nicht wirklich aufregend. Wir hatten einfach keine andere Idee. Dafür klappt es mit der Reiterei allmählich richtig gut. Beim letzten Training ist kein einziges Pferd durchgegangen und …“ Sarah brach ab. Sie wusste, dass Ben mit ihren Pferdegeschichten nichts anfangen konnte.

Aber Ben grinste nur. „Möchtest du mich nicht auch was fragen?“

Erschrocken schlug Sarah die Hand vor den Mund. „Stimmt! Ich habe ganz vergessen, dass du bei diesem Konzert warst. Wie war’s denn?“

„Super. Wir standen ganz vorne, ich konnte alles super sehen. Muss ein geiles Gefühl sein, vor einer ganzen Halle zu spielen! Möchte ich auch mal!“

„Und Fynns Bruder hat euch mit nach Hause genommen?“

Ben schüttelte den Kopf. „Nö. Der wollte noch vor der letzten Zugabe nach Hause. Dann kam er noch mit Sachen wie ‚Dann stehen wir nicht im Stau, wenn alle nach dem Konzert nach Hause fahren‘. So ein Quatsch. Man steht auch nicht im Stau, wenn man gar nicht wegfährt. Man hat nur viel mehr Spaß.“

Sarah dämmerte etwas. „Du willst damit sagen, dass du gar nicht mehr nach Hause gekommen bist?“

Ben winkte lässig ab. „Jo. Ich habe in einer coolen WG auf der Couch übernachtet und bin am nächsten Tag nach dem Frühstück nach Hause getrampt.“

„Ben! Deine Mutter …“ Noch bevor Sarah sich aufregen konnte, legte Ben ihr seine Hand auf die Schulter.

„Ich war ganz brav! Ich habe ihr eine SMS geschickt und am nächsten Morgen angerufen. Bleib cool!“

Sarah schnaufte. „Okay. Sie hat sich nur nach dem Abend vorher schon so Sorgen gemacht, sie tut mir dann einfach leid.“

Ben seufzte gespielt dramatisch. „Und wem tue ich leid? Immer unter der Fuchtel meiner Mam?“

Sarah knuffte ihn in die Seite. „Jetzt tu nicht so. Es ist nicht sooo schrecklich, deiner Mutter mal 'ne Nachricht zu simsen.“

„Kann sein.“ Ben sah sie an. „Aber es ist schrecklich, wenn du deswegen sauer auf mich bist …“

Sarah wurde schon wieder rot. Was sollte das denn jetzt heißen? Und warum hatte Ben seinen Arm um ihre Schulter gelegt? Zum Glück bogen sie jetzt in Sarahs Straße ein.

„Wann sehen wir uns mal wieder?“, wollte Ben wissen.

„Zu deinem Geburtstag?“, schlug Sarah vor.

„Ich habe doch schon gesagt, dass ich nicht feiern

will“, wehrte Ben ab. „Tu einfach so, als ob du nicht wüsstest, dass ich Geburtstag habe, okay?“

Sarah nickte langsam. „Und keine Geschenke?“

„Nein. Außerdem dauert es bis dahin noch mehr als eine Woche. Hast du vorher keinen freien Abend?“

Sarah schüttelte den Kopf. „Am Dienstag ist noch mal Abschlusstraining für die Quadrille. Dann bin ich einen Abend in der Klinik, und am nächsten Renntag würde ich gerne noch mal auf die Rennbahn …“

Ben presste die Lippen zusammen. „Dann kann man wohl nichts machen.“ Er sah beleidigt aus. Seinen Arm hatte er längst wieder runtergenommen.

Sarah sah ihn bittend an. „Es ist gerade eben so viel auf einmal …“

„Schon mal darüber nachgedacht, dass man hin und wieder entscheiden muss, was einem wichtig ist?“ Er wartete nicht auf eine Antwort, sondern schnappte sich sein Fahrrad und fuhr mit einem kurzen Winken davon. „Sag Bescheid, wenn ich in deinen Terminkalender passe!“, rief er noch.

Kopfschüttelnd ging Sarah ins Haus. So ein Blödian. Sie würde ihn ja gerne sehen, aber im Moment ging es einfach nicht. Die Quadrille hatte sie schon zugesagt. Und auf der Rennbahn war es total interessant. Die Sache mit Peter, das Doping … sie musste einfach noch mehr herausfinden. Sie warf einen Blick auf die Uhr. Sie hätte sogar noch Zeit, um kurz in der Klinik vorbeizuschauen. Kurz entschlossen ging sie wieder nach draußen, schloss ihr Fahrrad auf und machte sich auf den Weg.

Als sie wenige Minuten später die Stalltür aufschob, hätte sie jubeln können: Marc und Dr. Wiegand entfernten gerade den Gips von Calas Bein. Paula und ihr Vater sahen gespannt zu. Alle trugen dicke Bleischürzen.

Dr. Wiegand sah bei dem Geräusch der Tür kurz auf und lächelte Sarah zu. „Na, du hast wohl einen sechsten Sinn für spannende Momente! Wir sind gerade dabei, den Gips abzunehmen und die ersten Röntgenbilder zur Kontrolle zu machen."

Cala stand mit hängenden Ohren auf der Stallgasse und rührte sich kaum.

„Was ist denn mit ihr?", fragte Sarah erschrocken.

„Nichts", beruhigte die Tierärztin sie. „Wir haben ihr ein wenig Beruhigungsmittel gegeben. Das Risiko, dass sie eine falsche Bewegung macht und ihr Bein zu stark belastet, ist sonst zu groß. Vorher muss ich wissen, was unsere Schrauben aushalten."

Sie nahm das Hinterbein von Cala und brachte es in die richtige Position. Die Stute stand ganz still, während das Gerät mehrere Bilder von der Seite und von vorne machte.

Anschließend ging die Tierärztin in den Besprechungsraum, um dort die Bilder auf dem großen Bildschirm zu betrachten. Alle anderen drängten sich hinter ihrem Stuhl zusammen.

Dr. Wiegand deutete auf die drei weißen Schrauben, die in dem hellgrauen Knochen gut zu erkennen waren. „Wir sehen hier, dass das Gelenk tatsächlich nicht beteiligt ist, so wie es schon auf den ersten Bildern aussah. Der Knochen von Cala November reagiert nicht allergisch auf den Fremdkörper. Die Fessel sieht soweit auch gut aus." Sie erlaubte sich ein Lächeln. „Das ist alles prima. Bis zur kompletten Heilung ist es natürlich noch ein weiter Weg, aber bis jetzt ist das schon sehr schön. Ich mache jetzt einen festen Stützverband, mit dem kann sie etwas besser laufen als mit dem Gips. Mit diesem Verband soll sie in den nächsten Tagen jeweils zweimal ein bis zwei Minuten geführt werden."

Paula überlegte, wie sie das hinkriegen sollte. „Ich könnte immer vor der Schule …"

Dr. Wiegand schüttelte lachend den Kopf. „Dafür ist dein Pferd in einer Klinik. Das machen bei uns Pfleger. Die sind gut geschult darin, einem übermütigen Pferd die Grenzen zu zeigen. Je weniger Schmerzen Cala hat, desto mehr wird sie sich bewegen wollen. Da ist es besser, wenn das ein erfahrener Pfleger macht."

Herr Altdorfer nickte. „Das klingt vernünftig. Ab wann können Sie etwas Genaueres über die Heilung sagen? Wird die Fessel wieder ein Rennen aushalten?"

Die Tierärztin musterte ihn durch ihre Brille. „Ich will ehrlich mit ihnen sein", begann sie. „Ob das Bein wirklich hält, werden wir endgültig erst in sechs Monaten wissen – wenn sie wieder ihr erstes Rennen läuft. Bis dahin kann ich nur raten. Mit Röntgen und Ultraschall ist das zwar mehr als nur ein Ratespiel ins Blaue hinein, aber ich muss Sie um Geduld bitten."

Altdorfer wiegte den Kopf. „Wenn ich nur wüsste, ob der Aufwand sich tatsächlich lohnt …" Er sah nachdenklich vor sich hin und verschwand schließlich aus der kleinen Kammer Richtung Stall.

Nur 30 Sekunden später kam er wutentbrannt zurück. Sarah sah ihn verwirrt an. Was war denn jetzt los? Mit hochrotem Kopf schrie Altdorfer zornentbrannt: „Der Verbrecher arbeitet hier? SIE haben ihm Unterschlupf geboten? Wir tun alles, um unseren Sport sauber zu halten – und dann sorgen Sie dafür, dass so ein Verbrecher weiter mit Pferden zu tun hat? Schämen Sie sich!"

Die Tierärztin schien sofort zu wissen, um wen es ging. „Sie haben Peter Freund getroffen? Ich habe ihm tatsächlich eine Stelle als Pfleger angeboten. Ich habe ihm geglaubt, und er kann sehr gut mit Pferden umgehen. Besser als alle anderen Pfleger, die sich bei mir beworben haben."

Altdorfer wollte sich nicht beruhigen. Er krallte sich an den Türstock, dass seine Knöchel weiß hervortraten. „Sie lassen ihn hier immer noch mit Pferden hantieren? Woher weiß ich, was er mit meiner Cala macht?", schrie er weiter.

Die Tierärztin ließ sich nicht aus der Ruhe bringen. „Das ist doch lächerlich“, sagte sie energisch. „Was sollte er ihrem Pferd denn groß geben? Doping ist bei Pferden mit gebrochener Fessel doch völlig absurd. So etwas würde er auch sonst nie tun. Glauben Sie mir: Er pflegt Ihre Stute besser als jeder andere.“

Altdorfers Wut schien langsam nachzulassen. „Das dachten wir auch“, meinte er müde. „Alle haben immer gesagt: Der Freund weiß alles über Pferde. Ob sie gut geschlafen oder schlecht gegessen haben. Er weiß schon vorher, ob sie in Form sind oder nicht. Wir dachten, er sei so eine Art Pferdeflüsterer. Was für ein Blödsinn. Er wusste es immer nur, weil er ihnen etwas gegeben hat! Wenn ich Pferde dope, kann ich auch den Sieger vorhersagen!“ Seine Lautstärke hatte sich zum Schluss wieder gesteigert.

Dr. Wiegand hob beschwichtigend die Hand. „Bis zu dem Einzelfall im letzten Jahr konnte man Herrn Freund doch nichts vorwerfen, oder? Und damals hat man nach seiner Kündigung jede weitere Untersuchung des Falls unterlassen, wenn ich richtig informiert bin.“ Ihre Stimme wurde schneidend. „Bei mir gilt: Jeder ist unschuldig, bis ich das Gegenteil bewiesen bekomme.“

Der Pferdebesitzer ließ nicht locker. „Die Sache war damals so klar wie nur was. Hesse trainiert ein hochklassiges Pferd, diesen ‚Everest Forever‘. Ein Pferd für die großen Championate, Sieger in hoch dotierten

Prüfungen. Als er krank wird und sich herumspricht, dass er Fieber hatte, will natürlich keiner auf ihn wetten. Die Quote ist großartig. Everest Forever wird getestet – kein Wunder, die Rennleitung hat schließlich auch von dieser Krankheit gehört. Und was passiert? Der Hengst hat ein Aufputschmittel im Blut. Und Freund den großen Gewinn in der Tasche. Was soll da zweideutig sein? Was hätten wir Pferdebesitzer und -trainer noch weiter untersuchen sollen?"

Die Tierärztin zuckte die Schultern. „War es nicht so, dass Herr Freund sich aufopfernd um das kranke Pferd gekümmert hat? Er sogar bei ihm in der Box geschlafen hat? Und Futter gekauft hat, damit der Hengst schnell wieder auf die Beine kommt – übrigens von seinem eigenen Geld. Und wir wissen beide, dass Pfleger keine großen Reichtümer anhäufen. Kann man es ihm verdenken, wenn er nach der Genesung wieder an das Pferd glaubt und auf das Tier setzt? Übrigens ist auch das üblich: Pfleger setzen oft auf ihre Schützlinge! Vielleicht hat ja jemand ganz anderes dem Hengst etwas ins Futter getan."

Sarah verfolgte das Gespräch mit offenem Mund. Jetzt ergab der Besuch von Peter auf der Trabrennbahn einen Sinn. Kein Wunder, dass Karaseck nichts mit ihm zu tun haben wollte. Nachdem sein Pferd jetzt positiv getestet worden war, wollte er wohl auf keinen Fall mit einem anderen Dopingsünder gesehen werden. Zum ersten Mal tat Sarah der ewig mürrische Peter leid. Wahrscheinlich war er genauso gerne auf der Rennbahn wie Paula. Und dann hatte man ihn einfach aus seiner Heimat vertrieben. Ohne, dass seine Schuld tatsächlich bewiesen war.

Altdorfer war nicht so schnell zu überzeugen. „Herr Freund hat sich damals nicht gewehrt. Er hätte doch dafür sorgen können, dass die Sache genauer untersucht wird. Dann hätte man vielleicht den wahren Schuldigen gefunden. Aber jetzt ist das alles schon so lange her, da findet man nichts mehr."

Frau Wiegand erwiderte leise: „Warum kam niemand auf die Idee, dass sich ein Pfleger schämen könnte? Schließlich ist es jemandem gelungen, dem Pferd etwas ins Futter zu mischen, ohne dass es ihm aufgefallen ist." Sie wandte sich wieder den Röntgenbildern zu. „Ich glaube jedenfalls nicht, dass Sie sich irgendwelche Sorgen um Ihr Pferd machen müssen. Es ist bei meinem Pfleger in besten Händen."

Altdorfer warf ihr einen finsteren Blick zu. „Das müssen Sie wissen und verantworten. Hoffentlich haben Sie recht: Bei kranken Pferden kann er wahrscheinlich nichts ausrichten."

Der Mann drehte sich um und verließ mit seiner Tochter das kleine Zimmer.

Sarah fing einen unsicheren Blick von Paula auf – anscheinend wusste sie nicht, was sie von der Dopingsache halten sollte.

Warum hatte Sarah ihr bloß nicht gesagt, dass sie

Peter kannte? Bestimmt war sie enttäuscht von ihr. Sarah seufzte. Heute konnte sie es wohl niemandem recht machen. Sie beschloss, nach Hause zu fahren und einen gemütlichen Abend im Wohnzimmer bei ihren Eltern zu verbringen.

Im Labor traf sie Marc, der wie immer in letzter Zeit vor seinem Mikroskop saß. Merkwürdig, dass ihr das erst jetzt auffiel.

„Was machst du da eigentlich? Seit wann siehst du lieber durch eine Linse, als dir echte Pferde anzuschauen?"

Marc lehnte sich zurück und rieb sich über die Augen. „Ich finde echte Pferde auch spannender. Aber ich habe mich schrecklich darüber geärgert, dass wir so lange nichts über die kranken Pferde bei euch auf dem Arnoldhof herausgefunden haben. Da habe ich meiner alten Uni eine Studie über ansteckende Erkrankungen vorgeschlagen. Die mache ich jetzt. Neben der normalen Arbeit in der Klinik." Er streckte sich. „War wohl keine so wahnsinnig gute Idee. Aber ich möchte nie wieder so doof dastehen und von nichts eine Ahnung haben."

„Du Armer", sagte Sarah mitfühlend. „Wer kümmert sich denn in der Zeit um Natascha?"

Marc gähnte. „Das lasse ich mir nicht nehmen. Ich bin der einsame Reiter in der Reithalle, wenn der komplette Waldhof schon schläft."

Plötzlich hatte Sarah eine Idee. „Sag mal ... bei diesen Dopingfällen wurde doch Theobromin gefunden. Was ist das eigentlich?"

„Du nimmst es bestimmt täglich!", antwortete Marc. Er warf einen Blick auf sie. „Obwohl – du bist so dünn: wahrscheinlich nimmst du es nie. Aber deine Mitschüler dopen sich bestimmt mit Theobromin. Macht auch gute Laune!"

„Hör auf, mich zu verarschen!", knurrte Sarah. „Ich nehme nichts, was mich wacher oder schneller macht."

„Ich schon!", verkündete Marc und zog eine Schublade an seinem Schreibtisch auf.

Sarah beugte sich vor. Welche Pillen würden jetzt wohl zum Vorschein kommen? Aber Marc zog nur eine Tafel Schokolade heraus, riss das Papier weg und brach einen Riegel ab. Er hielt ihr die Schokolade hin, und Sarah bediente sich. Während das Stück auf ihrer Zunge schmolz, fragte sie noch mal: „Also – wie sieht dein Doping aus?"

„Genauso wie deins: Schokolade. Je dunkler, desto mehr Doping."

Sarah verstand überhaupt nichts mehr. „Wie? Schokolade soll Doping sein?"

Marc nickte. „Bei uns wirkt es leider nur minimal. Theobromin ist in der Kakaobohne. Aber Pferden – und übrigens auch Hunden – fehlt ein Enzym, mit dem sie das abbauen können. Sie reichern es an und merken dann auch die Wirkung. Die ist aufputschend und macht fröhlich." Er wedelte mit dem Rest der Schokolade vor ihrer Nase herum. „Komm, nimm noch ein Stück, dann kriegst du gute Laune."

Sarah konnte es nicht fassen. „Das heißt, man kann ein Pferd mit Schokolade dopen?"

Marc nickte. „Was noch viel spannender ist: Einen Hund kannst du damit sogar umbringen. Für einen Yorkshire-Terrier reichen drei Tafeln bittere Schokolade. Ist das nicht unglaublich?"

Sarah griff wieder nach Marcs Schokolade und steckte sich noch ein Stück in den Mund. „Warum ist dann kein Warnhinweis auf Schokolade? So etwas wie ‚Füttern Sie das nicht Ihrem Hund'?"

Marc lachte. „Wahrscheinlich, weil nur Idioten auf die Idee kommen, einem winzig kleinen Yorkshire-Terrier so viel Schokolade zu füttern. Die isst man doch lieber selber, oder?"

Sarah grinste. „Stimmt!" Dann fiel ihr noch etwas ein. „Würde er es denn mögen? Der Yorkie die Schokolade, meine ich?"

Marc zuckte mit den Schultern. „Ich glaube schon. Aber nicht in so gewaltigen Mengen. Schwieriger wird es bei Pferden. Die stehen alle total auf Schokolade. Schön blöd, wenn da ein Enzym fehlt. Das ist so ähnlich wie bei den Asiaten."

Sarah sah ihn verwirrt an. „Asiaten? Vertragen die auch keine Schokolade?"

„Nein, denen fehlt häufig das Enzym für den Abbau

von Alkohol. Aber sie mögen Alkohol trotzdem. So wie Pferde trotzdem gerne Schokolade essen würden."

Er wandte sich wieder seinem Mikroskop zu. „Ich muss leider noch ein bisschen weitermachen. Besuch mich doch mal wieder in meiner Wissenschaftler-Einsamkeit."

Sarah stand auf und angelte nach dem letzten Stück Schokolade. „Mach ich. Tschüss!"

9 Wieder einmal war die Quadrillen-Gruppe unterwegs zum Waldhof. Anna erzählte eine Geschichte aus der Schule, bei der es um lächerliche Mitschüler und aufgeregte Lehrer ging. Sarah hörte nur mit halbem Ohr zu. Sie nahm Sascha etwas kürzer und ließ ihn hinter die anderen Pferde zurückfallen. Hier hinten konnte sie ungestört nachdenken.

Als sie gerade das Haus verlassen hatte, hatte ihre Mutter ihr mal wieder einen langen Vortrag gehalten. Von wegen verzetteln und zu viel machen. Sie konnte es langsam nicht mehr hören.

Die Sache mit der Quadrille war ja bald ausgestanden, nächstes Wochenende war schon die Aufführung. Dann blieben die Klinik und die Schule. Die Freundschaft mit Jenny. Und Sascha. Und Ben. Sarah stopfte ihre kalten Finger unter Saschas Mähne. Warum sollte sie sich entscheiden? Ihr war alles wichtig! Sie wollte auf nichts verzichten.

Jenny bemerkte, dass ihre Freundin ganz alleine hinterherritt. Sie zügelte Lavinia und lenkte sie neben Sascha.

„Ärger?", fragte sie teilnahmsvoll.

Sarah seufzte. „Irgendwie schon. Alle finden, ich

hätte zu wenig Zeit – für das, was ihnen gerade wichtig ist."

„Und, haben sie recht?" Jenny blinzelte sie über ihren Schal hinweg an.

„Ja, irgendwie schon. Ich kann es nicht allen recht machen. Auch Ben ist schon sauer. Ich glaube, der Einzige, der mir keine Vorwürfe macht, ist Sascha." Sarah klopfte den Hals ihres Ponys.

„Blödsinn!" Jenny rückte die Abschwitzdecke, die über Lavinias Kruppe lag, gerade. „Alle bewundern dich, weil du so viel schaffst. Dass Ben gerne mehr Zeit mit dir verbringen würde ... Tja, dann müsste er sich wohl mehr für Pferde interessieren."

Sarah kicherte. „Ben als Cowboy – tolle Idee!"

„Ja, aber so ist es eben nicht. Er will nicht mitkommen, wenn du im Stall bist oder für die Quadrille trainierst. Er will sich immer alleine mit dir treffen. Das macht die Sache schwierig." Jenny zögerte, bevor sie weiterredete. „Und unfair ist es auch. Du gehst ja auch zu seiner Bandprobe, obwohl du mit Musik nicht so wahnsinnig viel anfangen kannst."

„Mir gefällt, was er macht! Er hat eine tolle Stimme", widersprach Sarah.

„Schon. Aber du hast selbst gesagt, dass die Proben nicht so aufregend sind. Also könnte er ja auch mal zum Waldhof kommen."

Sarah blies ihre Backen auf. „Das wäre die Höchststrafe für ihn. Acht pferdeverrückte Mädchen auf einem Haufen – da würde er durchdrehen." Sie schüttelte den Kopf. „Und dann hat er nächste Woche Geburtstag, aber er will auf keinen Fall feiern. Ich weiß nicht, ob ich ihm trotzdem was schenken soll."

Sie bogen um die letzte Wegbiegung und standen vor dem Waldhof. Jenny nahm die Zügel von Lavinia auf. „Wir reden auf dem Heimweg weiter, okay?"

Sarah nickte. Sie folgte den anderen in die Reithalle und legte die grüne Abschwitzdecke über die Bande. Sascha sah die Hindernisse in der Mitte der Halle und spitzte interessiert die Ohren. Sarah streichelte ihn. „Du darfst ja gleich springen." Sie trabte ihr Pony an. Wie so oft, wenn sie auf Sascha saß, vergaß sie ihre Sorgen. Sie genoss den weichen Trab und seinen Schaukelgalopp. Jetzt baute Frank aus einem der Sprünge ein kleines Kreuz, damit sich die Pferde warmspringen konnten. Sascha galoppierte begeistert zu dem Kreuz hin und ließ sich nach dem Sprung brav wieder abfangen. Sarah grinste glücklich, als Frank ihr zurief: „Im Frühjahr trainieren wir mal ein bisschen mehr. Wird Zeit, dass du deinen Sascha mal bei einem Turnier vorstellst."

Natürlich hatte sie für so was eigentlich keine Zeit. Aber wenn sie auf Saschas Rücken saß, erschienen ihr solche Probleme nicht so wichtig.

Schließlich sollten sie alle wieder eine Abteilung bilden. Die langweilige Klassikmusik erklang, und sie fingen an, die gesamte Quadrille durchzureiten.

Einreiten, aufmarschieren, grüßen. Dann lostraben und auf die rechte Hand abbiegen. Als Abteilung angaloppieren und zweimal über die kleinen Sprünge durch die Bahn wechseln. Dann trennen und … die Musik brach ab. Sie galoppierten noch eine halbe Runde weiter, bevor sie verwirrt durchparierten. Was war los?

„Kann mal jemand nach der Anlage sehen?“, rief Frank zur Tribüne hoch. Sarah sah ebenfalls nach oben. Plötzlich tauchte über der Brüstung ein vertrautes Gesicht auf. Ben lehnte sich vor und grinste.

„Mit diesem Gedudel kann man euch ja nicht alleine lassen! Wir haben uns mal was ausgedacht. Keine Ahnung, ob es euch gefällt und ob die Länge so okay ist. Probiert es einfach aus!“

Sarah konnte es nicht fassen. Vor ein paar Minuten hatte sie noch gesagt, dass Ben nie im Leben zum Training kommen würde. Von wegen. Jetzt stand er oben und grinste sie an. Offensichtlich freute er sich über ihr überraschtes Gesicht. Er drehte sich um und drückte auf einen Knopf der Anlage.

Frank drehte sich zu den Reiterinnen um. „Wir fangen einfach noch mal von vorne an.“

Wieder ritten sie im Trab hintereinander her, während aus dem Lautsprecher unverkennbar Musik von Morgenstern kam. Sarah konnte sich kaum aufs Reiten konzentrieren. Während des Trabs erklang nur ein Gitarrensolo. Beim Grüßen grummelten die Trommeln – und dann ging es los! Die Musik passte perfekt zum Galopp der Pferde. Allmählich näherten sie sich dem Finale. In der Mitte stand zwischen dem Kreuz aus Sprüngen ein einzelner höherer Sprung. Hier sollten sie alle in einer langen Reihe drüberspringen. Am Anfang hatten sie lange diskutiert, ob auch die Ponys über diesen Sprung sollten oder ob sie doch lieber abbogen und über die kleineren Sprünge hüpften. Aber Frühlingsball war ein gutes Sportpony, und Sascha hatte sowieso keine Angst vor größeren Höhen. Als sie sich für den letzten Sprung sammelten, änderte sich die Musik noch mal. Jetzt sang Ben auch noch! Sarah fühlte sich wie im siebten Himmel, als Sascha zum Sprung galoppierte und mit einem gewaltigen Satz darüberfegte. Als sie schließlich aufmarschierten, warf sie Ben einen strahlenden Blick zu. Aber Moment – woher kannte er eigentlich so genau den Ablauf der Quadrille? Aus dem Augenwinkel bemerkte sie, dass Jenny Ben zuzwinkerte.

„Das hast du gewusst!“, zischte sie der Freundin zu.

„Klar“, gab Jenny unbekümmert zu. „Er hat mich angerufen und gefragt, was so eine Quadrille eigentlich ist. Du glaubst doch nicht im Ernst, dass Ben weiß, dass Galopp ein Dreitakt ist, oder?“

„Du bist unmöglich!“, schimpfte Sarah. Aber sie musste trotzdem lachen. „Ich jammere dir vor, wie blöd im Moment alles ist – dabei wusstest du schon, dass Ben heute Abend kommt! “

„Na ja, ich war mir nicht sicher, ob er wirklich heute kommt. Er hat letztes Wochenende nur gesagt, dass er sich was überlegt."

Frank baute sich vor ihnen auf. Er sah zufrieden aus.

„Jetzt haben wir endlich die perfekte Musik, und auch sonst hat es gut geklappt. Ihr müsst bei der Aufführung einfach genauso gut reiten wie heute. Kriegt ihr das hin?"

Alle nickten entschlossen. Dann ritten sie zur Bande, um sich ihre Abschwitzdecken zu holen. Sarah sprang von Saschas Rücken und drückte Jenny die Zügel in die Hand. „Bin gleich wieder da!", sagte sie und rannte die Treppen hoch.

Ben kniete vor der Anlage und holte die CD heraus. Sarah konnte sich nicht beherrschen und drückte ihm einen Kuss auf die Wange.

„Das war toll!" Sie strahlte. „Ich hatte null Ahnung, was du da vorhast!"

„Es gefällt dir also?" Er lächelte etwas unsicher.

„Das ist so was von toll, ich kann es gar nicht sagen." Sarah merkte erst jetzt, dass sie immer noch ihre Arme um seinen Hals geschlungen hatte. Hastig löste sie sich von ihm. „Ich hätte nie gedacht, dass du mal freiwillig zuschaust, wenn ich reite."

Ben winkte ab. „Ist ja wohl meine einzige Chance, dich zu sehen, oder? "

Sarah schlang noch einmal ihre Arme um ihn. „Du

bist ein echter Freund!“, flüsterte sie. Dann drehte sie sich schnell um und lief zurück zur Treppe. „Ich muss mich um Sascha kümmern. Kommst du noch mit zum Arnoldhof? Wir können ja zusammen nach Hause fahren!“

Ben nickte. „Okay, dann bis gleich!“

Sarah lief in die Halle zurück. Die anderen Reiterinnen waren schon wieder Richtung Arnoldhof aufgebrochen, aber Jenny hatte geduldig gewartet.

„Danke!“ Sarah strahlte ihre Freundin an.

„Mach ich doch gerne“, grinste Jenny.

Die Freundinnen machten sich auf den Heimweg. Eine Weile ritten sie schweigend nebeneinander.

„Ich glaube, er hat dich wirklich gern“, sagte Jenny schließlich.

Sarah nickte nur.

„Vielleicht solltest du dir doch ab und zu etwas mehr Zeit für ihn nehmen. Und was seinen Geburtstag angeht …“

„Ich glaube, da hab ich schon eine Idee!“, unterbrach Sarah sie. „Wenn Ben sich für meine Reiterei interessiert, könnte ich ja was für seine Musik machen.“

Jenny sah sie fragend an. „Was hast du vor?“

Sarah grinste. „Also, ich dachte mir …“

Wie versprochen, tauchte Ben kurz nach den Mädchen am Arnoldhof auf. Jenny zwinkerte Sarah verschwörerisch zu und schwang sich auf ihr Fahrrad. „Ich muss dann mal nach Hause!“, rief sie.

Sarah winkte erleichtert. Auf dem Heimweg würde sie gerne mit Ben allein sein. Eine echte Freundin wusste eben, wann es Zeit war, zu verschwinden.

Sarah verabschiedete sich von Sascha, dann schoben sie und Ben gemeinsam ihre Fahrräder über die Waldwege. Zum Fahren war es einfach zu glatt.

„Deine Musik für die Quadrille ist wirklich klasse“, begann Sarah. „Wann hast du das gemacht?“

Ben zuckte die Schultern. „In den letzten Tagen. Meine Mutter hat dir doch sicher wieder vorgejammert, dass ich nicht nach Hause gekommen bin. Nach den Proben haben Fynn, Jan, Leon und ich daran rumgebastelt. Die drei fanden die Idee auch lustig.“

„Ihr habt das toll hingekriegt, obwohl ihr doch keine Ahnung hattet, was wir da genau machen“, meinte Sarah.

Fast verlegen wehrte Ben ab. „Hey, wir haben immer noch keine Ahnung, was ihr da macht. Aber wir haben uns den einen oder anderen Western angeguckt. Das reicht, um ungefähr ein Gefühl für den Galopp-Takt zu bekommen …“

Sarah schwieg einen Moment. Dann murmelte sie leise: „Ich weiß, dass ich total wenig Zeit für dich habe. Aber mir ist einfach alles wichtig, ich will nichts aufgeben …“

Mit einer selbstverständlichen Bewegung griff Ben

nach ihrer Hand. „Es reicht doch, wenn wir uns ab und zu ein bisschen Zeit klauen. Ich hol dich mal von den Pferden ab, und du kommst hin und wieder zu unseren Proben. Okay?“

Sarah nickte. „Ich habe mir auch was für den Tag überlegt, den du nicht feiern willst. Du möchtest ja kein Geschenk. Aber wir könnten zusammen in ein Konzert gehen. Du darfst dir aussuchen, was du hören möchtest!“

Ben drückte ihre Hand. „Coole Idee.“ Er räusperte sich. „Klingt wie ein guter Plan für den Tag, den ich nicht feiern will.“

„Warum eigentlich nicht?“, fragte Sarah vorsichtig. „Du kannst mir doch nicht erzählen, dass du Geburtstage schon immer blöd gefunden hast.“

Offensichtlich war es im Dunkeln einfacher, über manche Dinge zu sprechen. „Nein. Als Kind fand ich meinen Geburtstag klasse“, sagte Ben leise. „Ich habe immer gehofft, dass mein Vater mich besuchen kommt. Ich dachte, als großer Rockstar käme er bestimmt mit seinem Tourbus vorgefahren. Und dann würde er mich und meine Freunde zu seinem nächsten Konzert einladen. Da hätten wir alle Backstage-Pässe, könnten uns alles von ganz nah ansehen, und alle würden mich wegen meines supercoolen und berühmten Vaters beneiden.“ Er atmete einmal tief durch. „Natürlich kam er nie. Wenn er gekommen wäre, dann auch eher in einem geliehenen, rostigen

Auto. Mehr konnte sich so ein erfolgloser Musiker wohl nicht leisten. Ich glaube, er hat bis heute keinen Cent für mich bezahlt. Das hat meine Mutter alles alleine gestemmt. Auf jeden Fall habe ich irgendwann aufgehört, auf ihn zu warten."

„Hat er sich denn nie gemeldet, wenigstens mal angerufen?", fragte Sarah.

„Nein. Wahrscheinlich hat er genauso wie ich weiter von seinem großen Auftritt als erfolgreicher Musiker geträumt. Als er keinen großen Auftritt haben konnte, hat er lieber gar keinen Auftritt haben wollen."

Ben kickte mit dem Fuß etwas Schnee zur Seite. „Auf jeden Fall ist mein Geburtstag jedes Jahr 'ne Enttäuschung für mich gewesen. Irgendwann hab ich dann beschlossen, gar nicht mehr zu feiern."

„Aber du könntest versuchen, jetzt wieder mehr Spaß an deinem Geburtstag zu haben, oder?"

Es verging eine kleine Ewigkeit, bis Ben endlich antwortete.

„Ja, das könnte ich …"

Viel zu schnell war der Weg durch den dunklen Wald zu Ende, und sie standen vor dem Haus der Stürmers.

„Ich komme am Freitag zu eurer Probe. Versprochen!"

Ben winkte zum Abschied „Ich freu mich drauf."

Sarah sperrte die Haustüre auf und hörte die Stimmen ihrer Eltern aus dem Wohnzimmer Plötzlich schoss ihr ein Gedanke durch den Kopf. Sie trat ins Wohnzimmer. „Papa, darf ich mal an deinen Computer?“

Ihr Vater sah überrascht auf. „Gerne. Warum?“

„Ich muss mal was nachschauen“, antwortete Sarah ausweichend.

Ihr Vater erhob sich und ging mit Sarah in sein Arbeitszimmer. Während der Computer hochfuhr, fragte er möglichst beiläufig: „Soll ich dir beim Suchen helfen?“

Sarah schüttelte den Kopf. „Nein, ich komme schon zurecht. Ich wollte etwas über eine bestimmte Futterfirma nachlesen.“

„So wie das Futter mit den Mäuseresten drin?“, scherzte Thomas Stürmer.

Sarah sah ihren Vater vorwurfsvoll an. „Das ist überhaupt nicht witzig, Papa, da sind Pferde dran gestorben!“

„Du hast recht, ich bin ja schon still.“ Ihr Vater stöpselte die Maus ein und ließ Sarah dann mit dem Computer allein. Sarah versuchte sich an die grünen Säcke zu erinnern, die sie auf der Rennbahn gesehen hatte. Dann tippte sie „Mühle Haferkamp“ ein. Das war doch der Name der Firma gewesen. Eine Seite im selben Grün wie die Futtersäcke öffnete sich. Gespannt klickte sie sich durch das Futterangebot der Mühle Haferkamp. Weiter unten entdeckte sie das

„Hochleistungsfutter für Trabrennpferde". Hier erfuhr sie einiges über die Inhaltsstoffe, aber keiner davon wirkte verdächtig. Schokolade war auf jeden Fall nicht darunter. Das half ihr nicht weiter.

Sie ging zurück zur Suchmaschine und gab als Suchbegriffe „Haferkamp" und „Hochleistungsfutter" ein. Sie landete in einem Diskussionsforum, dessen Beiträge schon über ein Jahr alt waren. Sarah wollte schon weiterklicken, aber dann überflog sie den alten Chat doch. Die Teilnehmer waren überwiegend Mädchen, die darüber diskutierten, ob das Futter seinen Preis wert war. Oder ob es die Pferde wild machte. Offensichtlich hatten sie sich Trabrennpferde als Freizeitpferde gekauft. Was hatte Paula noch erzählt? „Es ist ein langer Weg, bis aus einem Renntraber ein gutes Freizeitpferd wird ..."

Sarah las weiter. Offensichtlich waren sich die Mädchen einig, dass das Traberfutter der Mühle Haferkamp das beste sei. Aber dann tauchte plötzlich der erste Eintrag auf, in dem eine Besitzerin jammerte, dass ihr „Süßer" das Futter nicht mehr fressen wollte.

Sarah schnaubte leise. Sie nannte Sascha ja auch manchmal „Süßer". Aber dann war höchstens Jenny in der Nähe und nicht ein öffentlicher Chatroom.

In den nächsten Beiträgen ging es darum, dass auch andere Pferde das Futter verschmähten. Die Mühle Haferkamp versicherte, dass sich an der Zusammensetzung nichts verändert hatte – und ein paar Wochen später hatte sich das Problem wohl erledigt. Auf jeden Fall ging es dann wieder um andere Dinge. Wie man Trabern das Galoppieren beibringen kann und Ähnliches. Zum Futter gab es nichts mehr.

Nachdenklich schaltete Sarah den Computer aus. Das half ihr auch nicht weiter. Sie musste noch einmal in die Futterkammer auf der Rennbahn. Sie war sich sicher: Dort lag der Schlüssel für das Doping. Aber dafür musste sie sich endlich mit Paula aussprechen. Die hatte sich seit dem Krach wegen Peter nicht mehr gemeldet, was Sarah gut verstehen konnte.

Morgen würde sie Paula anrufen. Jetzt holte sie sich erst mal eine Handvoll Kekse aus der Küche und ging zu ihren Eltern ins Wohnzimmer.

10 Sarah ließ sich auf einen der Sessel im Empfangszimmer fallen. Sie zerrte ihre Mütze von den roten Haaren, die wie immer in alle Richtungen abstanden. Als Nächstes flogen die Handschuhe in die Ecke.

Elsa sah sie mitleidig an. „Hast du einen langen Tag gehabt?"

Sarah schüttelte den Kopf. „Überhaupt nicht. Ich habe bloß diesen Winter so was von satt. Ich habe nichts dagegen, im strahlenden Sonnenschein über verschneite Felder hierher zu fahren. Aber hast du heute mal rausgeguckt? Totales Mistwetter!"

Durch das Fenster sah man wirbelnde Schneeflocken und tief hängende Wolken. Der Boden war bedeckt mit Schneematsch.

Elsa nickte. „Ja, es wird Zeit, dass es endlich Frühling wird."

Sarah seufzte und hängte ihre nasse Jacke an den Kleiderständer. „Allerdings. Was gibt es heute Neues?"

Elsa zuckte die Schultern, und Sarah verschwand durch das Labor Richtung Stall. Als Erstes begegnete sie Marc, der gerade mit einer elektrischen Raspel das Gebiss eines mageren Haflingers bearbeitete. Das Pony hatte ein Maulgatter zwischen seinen weit geöffneten Zähnen und blickte apathisch vor sich hin. Sarah wusste, dass alle Pferde bei der Zahnbehandlung sediert wurden, damit sie nicht so viel Angst hatten und der Arzt in Ruhe arbeiten konnte.

„Kann ich dir helfen?“, fragte sie.

Marc schüttelte den Kopf. „Nein, ich bin sowieso gleich fertig. Schau mal nach hinten, ich glaube, die Chefin kann deine Hilfe brauchen.“

In der zweiten Box fand Sarah Dr. Wiegand bei einem großen Fuchs.

„Gut, dass du kommst!“, rief die Ärztin erleichtert. „Kannst du die Taschenlampe halten?“

Sarah griff nach der Lampe und versuchte, den Lichtschein möglichst genau auf das Pferdeauge zu richten, während die Tierärztin eine leuchtend gelbe Flüssigkeit hineinträufelte.

„Wozu soll das gut sein?“, wollte sie wissen.

„So kann ich die Hornhaut untersuchen. Sein Auge tränt immer wieder, und mit einer leuchtenden Flüssigkeit kann ich den Tränenfluss besser sehen. Außerdem …“ Sie deutete auf die Nüstern, aus denen jetzt ebenfalls gelbe Flüssigkeit tropfte, „… sehe ich so, ob der Tränenkanal verstopft ist. Aber der ist offensichtlich frei. Es muss also etwas anderes sein. Das werde ich mir morgen noch mal ansehen.“

Dr. Wiegand klopfte dem Fuchs den Hals und ging zusammen mit Sarah zur nächsten Box. Hier begrüßte Cala November sie mit einem begeisterten Wiehern.

„Ein Pferd ist zu lange hier, wenn es anfängt, dich zu begrüßen", murmelte die Tierärztin. „Holst du sie für mich heraus? Ich möchte sie im Schritt sehen."

Sarah holte Calas Halfter und legte eine Führkette an. Sie hatte inzwischen gelernt, dass Pferde, die Wochen im Stall verbracht hatten, zu Temperamentsausbrüchen neigten.

„Komm, Kleine!", lockte sie die Stute und führte sie nach draußen. Unter dem Vordach gab es einen breiten, gepflasterten Weg, auf dem sie die Pferde auch bei schlechtem Wetter führen konnte.

Die Tierärztin sah einen Moment lang aufmerksam zu, dann nickte sie. „Sieht gut aus. Führst du sie noch ein paar Minuten?"

„Mach ich!" Sarah liebte es, mit den vierbeinigen Patienten ganz in Ruhe ein paar Runden im Schritt zu drehen. Sie redete dabei mit den Pferden, streichelte sie und freute sich, wenn es ihnen besser ging.

Diesmal blieb sie nicht lange allein. Schon bei der zweiten Runde tauchte Paula in der Stalltür auf. „Cala darf schon hier draußen laufen?"

Sarah nickte. „Komm doch mit."

Paula lief neben Sarah her. Sie druckste nicht lange herum. „Warum hast du mir nicht gesagt, dass dieser Peter hier in der Klinik arbeitet?"

Sarah zuckte verlegen mit den Schultern. „Ich war

so überrascht, ihn auf der Rennbahn zu sehen. Ich wusste ja nicht, was er gemacht hat, bevor er in der Klinik angefangen hat. Und dann wollte ich nicht, dass du schlecht über die Klinik denkst." Sie blieb stehen und sah Paula an. „Peter ist wirklich ein großartiger Pfleger. Er kümmert sich um jedes Pferd, als wäre es sein eigenes."

Paula seufzte. „Vielleicht hat Dr. Wiegand ja recht", murmelte sie. „Es könnte ja wirklich sein, dass es gar nicht seine Schuld gewesen ist. Damals hat keiner weiter nachgefragt."

„Weißt du eigentlich, was da genau passiert ist?", fragte Sarah. „Ich meine: Mit was für einem Mittel wurde dieser Hengst damals gedopt?"

Paula schüttelte den Kopf. „Keine Ahnung. Für mich klingt das alles immer gleich."

Sarah schielte auf ihre Uhr. „Calas Freigang ist für heute beendet. Sie ist wirklich unglaublich brav. Dr. Wiegand ist übrigens damit zufrieden, wie sie läuft."

Auf Paulas Gesicht tauchte ein kleines Lächeln auf. „Das ist schön. Ich putze sie dann."

In der Stallgasse traf Sarah auf Peter. Er kehrte das Heu von der Fütterung zusammen und wirkte so missmutig und schlecht gelaunt wie immer. Vielleicht noch ein bisschen schlimmer. Seine Mundwinkel hingen nach unten, und er murmelte nur hin und wieder was zu den Pferden.

Sarah zögerte, aber dann nahm sie ihren ganzen Mut zusammen und ging zu ihm.

„Peter?"

Der Pfleger sah auf. „Ja?"

„Kann ich dich kurz sprechen?"

Peter kehrte so verbissen weiter, als ob er heute den Preis für die sauberste Stallgasse der Welt bekommen wollte. „Ich muss arbeiten!"

„Es geht um diesen Dopingfall. Den bei dem Karaseck ..." Sarah kam nicht dazu, den Satz zu beenden.

„Ich bin kein Experte für Doping, auch wenn das viele glauben!", knurrte der Pfleger. Sein Gesicht wirkte grimmig.

„Das glaube ich gar nicht", beeilte sie sich zu sagen. „Ich habe mir nur gedacht, dass es einen Zusammenhang zwischen den Dopingfällen geben könnte. Das denkst du doch auch, sonst wärst du nicht auf der Rennbahn aufgetaucht." Leise fügte sie hinzu. „Ich habe dich bei Karaseck gesehen."

Peter hörte auf zu fegen. Er kniff die Augenbrauen zusammen. Dann drehte er sich um. „Komm mit!", bellte er über seine Schulter. Er stampfte in seine Kammer.

Sarah folgte ihm zögernd. Sie war noch nie in Peters Zimmer gewesen.

Er zog die Tür hinter ihr zu. „Willst du einen Tee?"

Sarah nickte. „Gerne."

Peter schaltete einen kleinen Wasserkocher an.

Während er aus einem alten Holzschrank zwei Tassen holte, sah Sarah sich um. Die Kammer war gemütlich eingerichtet. Alle Wände waren mit Holz verkleidet, direkt über dem kleinen Esstisch hing ein Foto. Es zeigte einen Traber im Siegerring. Er war schweißnass, die Adern traten bleistiftdick unter der Haut hervor, in seinen weit geblähten Nüstern konnte sie das Rote sehen. Um seinen Hals hing ein Lorbeerkranz. Neben ihm stand auf der einen Seite der Fahrer mit dem Helm unter dem Arm und auf der anderen Seite Peter.

So wie auf dem Bild hatte Sarah Peter noch nie gesehen. Er hielt die Leinen des Trabers und lachte unbeschwert in die Kamera. Sie trat näher. Der Fahrer war Helmuth Hesse.

Peter stellte eine Tasse vor ihr ab. „Das ist zwei Jahre her“, sagte er. „Damals gewann ‚Everest Forever‘ das Derby. Überlegen. Ich habe den Hengst von Fohlenbeinen an gekannt. Ich habe beim Einfahren geholfen und Hunderte von Trainingsrunden mit ihm gedreht. Er war so anhänglich wie ein Hund. Und dann wurde er der beste Dreijährige seines Jahrgangs. Das war einfach großartig!“

„Und was passierte dann?“ Sarah ärgerte sich, dass ihre Stimme wieder mal viel zu hoch und piepsig klang. Sie war nervös.

Peter sah sie düster an und nahm einen tiefen Schluck aus seiner Tasse. Er starrte so gebannt hinein, als ob die Lösung im Teesatz zu finden wäre.

„Dann wurde Everest krank. Er hat sich irgendeinen Virus eingefangen. Es ging ihm wirklich schlecht. Das Fieber wurde immer höher, er wollte nichts mehr fressen. Die Ärztin ist jeden Tag zweimal gekommen, aber er hat sich nur sehr langsam wieder erholt. Damals habe ich bei ihm in der Box übernachtet. Nur für den Fall, dass es ihm plötzlich wieder schlechter gehen sollte. Ich wollte nicht riskieren, dass er mir unter den Händen wegstirbt. Ich habe ihm ein besonders gutes Futter gekauft und aus der Hand gefüttert. Ich glaube, er hat immer nur mir zuliebe gefressen. Aber er hat sich wieder erholt." Peter lächelte bei der Erinnerung daran. „Everest ist ein Kämpfer. Er kam schneller wieder zurück in Rennform, als alle gedacht hatten. Als er ein paar Wochen später an den Start ging, wusste natürlich jeder von seiner Krankheit. Keiner wollte auf ihn wetten, nur ich wusste, dass er wieder topfit war. Also habe ich meine ganzen Ersparnisse auf seinen Sieg gewettet." Peter zuckte mit den Schultern. „Den Rest kennst du ja: Der Hengst gewann, er war gedopt, ich habe auf ihn gewettet – also war ich der Schuldige. Wer ihn wirklich gedopt hat, habe ich bis heute nicht herausgefunden."

Sarah sah ihn gespannt an. „Siehst du irgendeinen Zusammenhang mit dem neuen Dopingfall bei Karaseck?"

Peter lachte. „Irgendeinen? Der Zusammenhang ist so offensichtlich, dass ich mich ständig wundere, warum den bis jetzt keiner bemerkt hat! Everest wurde damals mit Theobromin gedopt. Genauso wie jetzt ‚In Extremis'. Das kann doch kein Zufall sein! Deswegen war ich bei Karaseck. Ich wollte ihn darauf hinweisen."

Sarah dachte an die Säcke in der Futterkammer von Hesse. Nachdenklich drehte sie eine Haarsträhne um ihren Finger.

„Sag mal, was für ein Futter war das eigentlich, das du damals für den Hengst gekauft hast?"

„Das war ein Hochleistungsfutter für Renntraber. Hesse ist damals sogar komplett auf dieses Futter umgestiegen, weil er es so gut fand. Es ist zwar nicht billig, aber es gibt den Pferden wirklich eine Menge Energie."

„Erinnerst du dich, von welcher Mühle das Futter kam?" Sarah war jetzt ganz aufgeregt.

„Klar. ‚Mühle Haferkamp' heißt die. Bei denen gibt's viele verschiedene Futtermittel." Er zögerte. „Wieso fragst du?"

Sarah nahm noch einen Schluck Tee. „Ich habe da so eine Idee. Theobromin ist doch in Kakaobohnen drin. Ich fand, dass es bei Hesse im Stall komisch süß gerochen hat. Jetzt frage ich mich, ob das irgendwie mit dem Futter zusammenhängt."

Peter kratzte sich nachdenklich am Kopf. „Wir müssten herausfinden, was der Karaseck seinen Trabern zu fressen gibt. Ich kann mir eigentlich nicht vorstellen, dass die bei der Mühle nicht wissen, was sie in ein Futter hineinmischen dürfen und was nicht."

„Pass auf", meinte Sarah, „ich versuche, beim nächsten Renntag herauszufinden, was Karaseck seinen Trabern gibt. Am besten nehme ich gleich eine Handvoll von dem Futter mit. Das können wir dann untersuchen lassen. Was meinst du?"

„Hm, es könnte vielleicht eine Erklärung sein." Peter wiegte nachdenklich den Kopf. „Aber dann müsste ja wohl mehr als ein Pferd positiv sein, oder?"

Sarah stellte ihre Tasse auf dem Tisch ab. „Ich verspreche: Ich werde es herausfinden!"

Sehr leise murmelte Peter: „Danke!"

Sarah rannte die Treppen hinunter und zu Calas Box. Paula war gerade mit dem Verlesen des Schweifs beschäftigt. Atemlos erzählte Sarah ihr von ihrem Verdacht. „... und stell dir vor, es wäre einfach das Futter!", beendete sie ihren Bericht.

Paula sah sie mit großen Augen an und ließ Calas Schweif fallen. „Dann sollten wir aber nicht auf den nächsten Renntag warten!"

Sarah sah sie verwirrt an. „Wie meinst du das?"

„Ganz einfach. Wir gehen jetzt zu Karaseck und schauen nach, was er füttert. Glaub mir: Heute ist da weniger los als an einem Renntag!" Paula gab Cala einen Klaps auf den Hals. „Wir müssen unser Schönheitsprogramm für heute beenden. Bis morgen, mein Schatz!"

Sarah eilte die Stallgasse hinunter. „Ich frage kurz bei Dr. Wiegand, ob sie mich heute noch in der Klinik braucht."

Wenige Minuten später saßen die beiden Mädchen auf ihren Fahrrädern.

„Hoffentlich ist dieser Schneematsch bald weg!", schimpfte Sarah.

Paula kicherte. „Es gibt kein schlechtes Wetter …"

„… sondern nur schlechte Kleidung, ich weiß! Das sagt meine Mutter auch immer. Deswegen muss ich es aber nicht toll finden, wenn es mir kalt und matschig ins Gesicht schneit, oder?"

„Vielleicht kann ich ja meinen Vater dazu bewegen, dich wieder nach Hause zu fahren", tröstete Paula sie.

Eine Dreiviertelstunde später erreichten sie durchgefroren und völlig durchnässt die Trabrennbahn. Sie stellten ihre Fahrräder hinter einer Hecke ab und liefen zum Stallgebäude von Karaseck. Jetzt fand Sarah es praktisch, dass das Gebäude abseits von den anderen Stallungen lag. Vorsichtig schoben sie sich durch die angelehnte Stalltür ins Innere.

„Ich komme mir vor, als ob ich etwas Verbotenes tun würde", flüsterte Sarah.

„Tust du auch", erwiderte Paula trocken. „Was meinst du, warum hier die vielen Schilder mit ‚Zutritt verboten!' hängen? Für eine freundliche Einladung?" Sie sah sich um. „Dort drüben ist die Futterkammer!"

Zielstrebig lief sie zu der dunklen Tür, als plötzlich mit einem lauten Krachen die Stalltür hinter ihnen aufflog. In letzter Sekunde flüchteten Sarah und Paula sich in die Futterkammer. Sie pressten sich hinter der Tür an die Wand, während schwere Männerschritte näher kamen. Jemand lief an der Kammer vorbei, ohne hineinzusehen.

„Das ist noch mal gut gegangen", wisperte Paula.

„Hoffentlich!" Sarah fühlte sich unwohl. Sie hatte noch nie so etwas offensichtlich Verbotenes gemacht. Sie hörten, wie in der Stallgasse ein Pferd ausgeschirrt und dann in seine Box geführt wurde. Oder war es unter das Solarium? Auf jeden Fall schlug wenig später die Stalltür zu, und Stille kehrte ein. Nur hin und wieder klingelte eine Kette, oder ein Pferd schnaubte. Prüfend sog Sarah die Luft ein. Es roch genauso wie in der Futterkammer bei Hesse. Ganz leicht, aber deutlich süß. Und wenn man sich konzentrierte, dann war das der Geruch nach Schokolade.

„Los jetzt!", zischte Sarah. „Wir sollen hier nicht Wurzeln schlagen!"

Sie liefen zum Futterkarren, in dem Mais, Müsli und Hafer in drei verschiedenen Abteilen aufbewahrt wurden. Dahinter an der Wand lehnten Futtersäcke. Sarah erkannte sofort die grellgrünen Futtersäcke der „Mühle Haferkamp". Ihr Verdacht war also richtig gewesen. Sie griff nach dem Müsli in dem Futterwagen und füllte eine Handvoll davon in eine kleine

Plastiktüte, die sie extra dafür mitgebracht hatte. Dann nahm sie noch eine zweite Handvoll aus einem geöffneten Futtersack. Sie verknotete beide Proben und richtete sich auf.

„Und jetzt raus hier!"

Paula öffnete vorsichtig die Tür und streckte ihren Kopf auf die Stallgasse. „Die Luft ist rein!", flüsterte sie.

Die beiden Mädchen huschten aus der Futterkammer. Tatsächlich stand eine schmale Stute unter dem Solarium und sah die heimlichen Besucher mit großen Augen an.

„Verrat uns nicht!", flüsterte Sarah der Stute zu. Dann lief sie hinter Paula zur Stalltür. Sie schoben sich hinaus und rannten dann so schnell sie konnten zu den anderen Stallungen hinüber.

„Ab hier ist alles in Ordnung!", keuchte Paula und blieb vor dem ersten Gebäude stehen. „Wenn mich jetzt jemand fragt, dann sage ich einfach, ich hätte meine Pflegepferde besucht. Das würde mir jeder glauben."

Sarah fror. „Was ist jetzt mit deinem Vater? Wenn ich jetzt noch mal auf dem Fahrrad durch den Matsch muss, erfriere ich!"

„Klar." Paula nickte und griff zu ihrem Handy. Ihr Vater war von ihrem Wunsch nicht sonderlich überrascht. Offensichtlich musste er sie häufiger von der Rennbahn einsammeln. Trotzdem: Bis sein alter Jeep eine halbe Stunde später vor den Mädchen hielt, war Sarah komplett durchgefroren.

„V-v-v-v-vielen Dank, Herr Altdorfer“, brachte sie mit Mühe heraus.

„Soll ich dich gleich nach Hause fahren?“, fragte er besorgt, als er sah, dass Sarahs Zähne unkontrolliert aufeinanderschlugen.

Sarah schüttelte den Kopf. „Ich muss erst in die Klinik. Dort muss noch etwas … äh … untersucht werden.“ Sie zögerte. „Wenn Sie mich dann allerdings nach Hause fahren könnten, wäre das wirklich großartig.“

Herr Altdorfer sah sie mit gerunzelter Stirn an. Dann schüttelte er den Kopf. „Ich glaube, ich frage lieber nicht, warum ihr bei diesem schrecklichen Wetter auf der Rennbahn seid!“

Er trat er aufs Gaspedal und drehte seine Heizung hoch.

Als er vor der Marienwaldklinik hielt, sprang Sarah aus dem Jeep. „Ich bin gleich wieder da!“, versprach sie und rannte ins Labor.

„Marc!“ Sarah wedelte mit den beiden Plastikbeuteln vor dem Gesicht des jungen Arztes herum. „Schau mal, was ich hier habe!“

Marc warf einen Blick auf die beiden Beutel. „Toll, Pferdefutter“, sagte er. „Was soll daran Besonderes sein?“

„Ich habe es von Karaseck. Ich glaube, dass mit dem

Futter irgendwas nicht stimmt. Riech mal dran! Du hast doch gesagt, dass in Kakaobohnen Theobromin ist!“

Marc öffnete die Beutel, schnupperte und sah sie überrascht an. „Schokolade?“

„Genau“, rief Sarah triumphierend. „Das Futter ist komisch. Kannst du es nicht auf Theobromin untersuchen?“

„Ich kann das leider nicht.“ Marc beschriftete die Beutel sorgfältig. „Aber das Labor, das auch unsere Dopingproben untersucht, kann das. Ich schicke es ihnen sofort rüber.“ Mit einem roten Stift schrieb er auf beide Tüten ein großes EILT. „Und jetzt ab mit dir. Du siehst aus, als ob du dringend trockene Klamotten bräuchtest. Ich ruf dich an, sobald ich mehr weiß, okay?“

„Super, danke!“, rief Sarah und flitzte wieder nach draußen, wo der Jeep mit laufendem Motor auf sie wartete.

Wenig später hielt Herr Altdorfer vor dem Haus der Stürmers.

„Vielen Dank!“, sagte Sarah artig. Leise flüsterte sie in Paulas Ohr: „Ich rufe dich später an, okay?“ Laut redete sie weiter. „Wir sehen uns dann ja bei Cala. Dr. Wiegand will sie am Wochenende noch einmal röntgen!“

Dann kletterte sie aus dem Wagen. Sie wollte jetzt nur noch in die Badewanne.

Als sie eine halbe Stunde später in weißen Schaumbergen versank, griff sie zum Handy.

„Hi, Ben!“ Diese aufregenden Ereignisse musste er unbedingt erfahren – ob er wollte oder nicht.

11

Sarah hatte die Tür zur Klinik noch nicht richtig geöffnet, als Marc ihr schon den Brief entgegenhielt. „Die Ergebnisse von deiner Futterprobe sind da!“, rief er.

Sarah griff danach, ohne sich die Jacke auszuziehen. Sie überflog die endlosen Zahlenkolonnen, aber das Wichtigste hatte Marc bereits unterstrichen: Im Futter befand sich eine unerhört große Menge Theobromin.

Sarah sah Marc triumphierend an. „Das Zeug hat also nicht nur nach Schokolade gerochen, es ist auch tatsächlich Schokolade drin!“

Marc nickte. „Der Karaseck hat sein Pferd also wirklich nicht absichtlich gedopt!“

„Das müssen wir ihm unbedingt sagen!“, meinte Sarah. „Aber warum hat diese Mühle Haferkamp das überhaupt gemacht? Es ist doch kein Geheimnis, dass Kakao verbotenes Doping ist, oder?“

„Das kann ich dir erklären“, meinte Marc. „Ich habe sofort bei denen angerufen, als heute früh der Brief mit den Laborergebnissen kam.“

Sarah zog hastig ihre dicken Wintersachen aus und hängte sie an den Kleiderhaken. Auch Elsa hörte gebannt zu.

„Die Mühle Haferkamp mischt nicht jedes Futter selbst. Letztes Jahr haben sie ihren Lieferanten für das Traber-Hochleistungsfutter gewechselt. Das ist eigentlich nichts Besonderes – ein anderer Großhändler hat das Futter wohl billiger angeboten. Das Futter von dem neuen Lieferanten hatte nur einen riesigen Nachteil: Es hat den Pferden nicht geschmeckt. Innerhalb weniger Wochen ging ein ganzer Waschkorb voller Protestschreiben an die Mühle Haferkamp."

„Das habe ich auch in diesem Traberforum im Internet gelesen", warf Sarah ein.

„Die Mühle Haferkamp hat das an den Lieferanten weitergegeben. Aber die haben nicht etwa die Mischung verändert, sodass sie den Pferden wieder schmeckt – die haben einfach billigen Kakao daruntergemischt. Und du weißt ja: Pferde lieben Schokolade. Das Problem war also sofort beseitigt, das Hochleistungsfutter wurde wieder gerne gefressen. Es ist ein Wunder, dass das nicht früher in einer Dopingkontrolle aufgefallen ist", schloss Marc seinen Bericht.

„Ist es doch", widersprach Sarah. „Peter hat wahrscheinlich einen der ersten Säcke von diesem Kakao-Futter erwischt, als er seinem Schützling ‚Everest Forever' etwas Gutes tun wollte. Jeder hat ihm unterstellt, dass er den Hengst gedopt hätte. Was ja irgendwie sogar stimmt. Bloß hat er es nicht absichtlich gemacht!" Sie sprang auf. „Das muss ich ihm sofort erzählen!"

Noch bevor Marc etwas sagen konnte, rannte sie in

den Stall und die enge Treppe zu Peters Kammer hoch. Sie klopfte wild und wartete kaum das brummige „Ja?“ von drinnen ab.

Schwungvoll öffnete Sarah die Tür und verkündete strahlend: „Ich weiß, was damals mit deinem Everest passiert ist!“

Peter sah sie misstrauisch an. „Wie willst du denn das geschafft haben? Du warst doch erst ein paarmal auf der Rennbahn!“

„Dafür musste ich gar nicht auf der Rennbahn sein! Es hat gereicht, dass ich in allen Futterkammern diesen komischen Geruch bemerkt habe – es roch so komisch süß. Nach Schokolade. Marc hat jetzt das Futter untersuchen lassen, und stell dir vor: Es wurde tatsächlich mit Kakao schmackhafter gemacht. Und der enthält ja Theobromin.“ Sarah sah Peter erwartungsvoll an.

Der Pfleger sagte erst mal gar nichts. Dann räusperte er sich. „Und du bist dir sicher, dass das damals auch der Grund für den positiven Dopingbefund bei Everest war?“

Sarah nickte. „Es war genau der gleiche Inhaltsstoff. Und du hast ja gesagt, dass du ihm nichts extra gegeben hast. Wir müssen das unbedingt Karaseck und der Rennleitung erzählen!“

Peter wurde plötzlich ganz aufgeregt. Er griff nach seiner Jacke. „Das würde ich gerne persönlich machen! Dr. Wiegand oder Marc und du – ihr müsst mitkommen! Ich will das Gesicht dieser überheblichen Idioten sehen, die mich von der Rennbahn gescheucht haben, als ob ich ein mieser Verbrecher wäre!“

Gemeinsam liefen sie nach unten ins Empfangszimmer. In der Zwischenzeit war auch Dr. Wiegand von ihrer täglichen Tour über die Höfe zurückgekehrt. Sie hörte sich Marcs Bericht an und nickte dann. „Das ergibt einen Sinn. Ich habe vor ein paar Wochen doch gleich gesagt, dass der Karaseck ewig nicht mehr überprüft worden ist. Sonst wäre die Sache mit dem Futter schon viel früher aufgefallen.“ Sie holte ihren Autoschlüssel aus der Tasche. „Komm, Peter, wir fahren zur Rennbahn!“

Kurz darauf standen sie am sandigen Oval der Bahn, auf der Karaseck gerade einen seiner Traber trainierte. Der Fahrer entdeckte sie schnell und lenkte das Pferd zu ihnen an die Absperrung. Als er Peter sah, verdüsterte sich sein Blick.

„Frau Doktor, ich habe keine Ahnung, warum Sie diesen Mann beschäftigen. Aber bringen Sie ihn nicht noch zu uns auf die Rennbahn, er …“

Dr. Wiegand ließ den Trabrennfahrer nicht ausreden. „Das ist Blödsinn! Ich weiß jetzt endlich, warum ‚In Extremis‘ positiv war. Und zwar aus dem gleichen Grund wie Hesses Hengst vor einem Jahr. Kommen Sie mit, ich zeige es Ihnen!“

Sie drehte sich um und ging Richtung Karasecks Stall. Der Fahrer lenkte seinen Traber hinter ihr her.

„Wenn Sie jetzt nicht etwas Handfestes haben, zeige ich Sie an!“, zischte er.

Er übergab das Pferd einem Pfleger und folgte Dr. Wiegand in die Futterkammer. Die Ärztin nahm eine Handvoll Futter aus einem der Säcke und hielt sie unter Karasecks Nase. „Was riechen Sie?“, fragte sie.

„Hafer und irgendetwas Süßes.“ Karaseck zuckte mit den Schultern. „Und?“

„Falsch. Das Süße ist Kakao. Und ein Profi wie Sie sollte wissen, was Schokolade bei Pferden anrichtet. Sie haben Ihr Pferd selbst gedopt. Aus Versehen, als Sie es gefüttert haben!“

Karaseck fehlten für einen Moment die Worte. Dann hob er abwehrend die Hände. „Das kann nicht sein, ich bin ja nicht der Einzige, der hier das Futter von der Mühle Haferkamp füttert. Es kostet kein Vermögen und ist sehr gut.“ Karaseck dachte kurz nach. „Wenn ‚In Extremis‘ mit diesem Futter gedopt worden wäre, dann müssten alle meine Pferde positiv sein. Und die von einigen anderen Ställen auch. Hesse füttert auch Mühle Haferkamp, da bin ich mir sicher.“

„Das ist auch gut möglich. Es steht außer Frage, dass Sie mit den Mengen an Theobromin in diesem Futter durchaus wirksam dopen können.“ Sie sah den Fahrer eindringlich an. „Denken Sie doch mal nach: Wenn wir das auch bei der Rennleitung nachweisen können, wird die Anzeige gegen Sie sicher fallen gelassen.“

Karaseck nickte zögernd. Langsam schien ihm die ganze Tragweite des Falls bewusst zu werden. Er griff zu seinem Handy. „Helmuth? Kommst du mal rüber? Die Dr. Wiegand erzählt mir da wilde Geschichten von unserem Futter." Er klappte sein Handy wieder zu. „Der Hesse muss das wissen. Es kommt darauf an, wie er jetzt reagiert."

Minuten später kam der Trabertrainer angestapft. Er hielt sich nicht lange mit Begrüßungen auf. „Was gibt's?", fragte er knapp und bemühte sich gleichzeitig, seinen ehemaligen Pfleger zu übersehen.

Auch ihm streckte Dr. Wiegand eine Handvoll von dem Futter entgegen und forderte ihn auf, daran zu riechen. Auch er merkte nichts von einem Schokoladengeruch. Aber seine Augen weiteten sich ungläubig, als er von dem Verdacht gegen das Hochleistungsfutter hörte.

„Das kann doch nicht sein! Bei so einer Firma wissen die doch, welche Zusatzmittel erlaubt sind und welche nicht! Und wenn Sie recht haben sollten, dann sind in meinem Stall ja alle Pferde gedopt. Ohne Ausnahme! Das kann nicht sein!" Er wollte sich schon umdrehen, aber die Tierärztin hielt ihn am Ärmel fest. „Herr Hesse, wir können das ganz einfach nachprüfen. Ich teste Ihre Pferde. Wenn sie alle negativ sind – gut, dann habe ich mich geirrt. Dann ist der Kakaogehalt in dem Futter doch nicht so hoch. Aber das glaube ich nicht." Sie machte eine kurze Pause. „Ich werde feststellen, dass alle Ihre Pferde positiv sind. So wie ich auch feststellen kann, dass alle Pferde von Herrn Karaseck zu viel Theobromin im Blut haben. Und dann können Sie gemeinsam die Mühle Haferkamp verklagen. Auf meine Unterstützung dürfen Sie dabei zählen."

Hesse schluckte. „Hätte das eine Auswirkung auf die Siege im letzten Jahr? Auf meine Lizenz als Trainer?"

Dr. Wiegand schüttelte den Kopf. „Wahrscheinlich nicht. Ich bin kein Mitglied der Rennkommission, aber ich kann mir nicht vorstellen, dass man Ihnen einen Strick daraus dreht, weil Sie ein bestimmtes Hochleistungsfutter gekauft haben. Schließlich hat der Hersteller Ihnen ja versprochen, dass es dopingfrei ist."

Hesse nickte. Dann gab er sich einen Ruck. „Okay, Sie können meinen Pferden Blut abnehmen." Er deutete mit dem Kinn Richtung Karaseck. „Aber der da soll das auch machen. Zu zweit haben wir bessere Karten."

Die Tierärztin winkte Sarah zu sich. „Komm, es gibt Arbeit!"

Schnell gingen sie von Box zu Box und füllten die kleinen Röhrchen mit dem Blut der Pferde. Sorgfältig schrieb Sarah jeden einzelnen Namen auf die kleinen Etiketten.

Peter half ihnen. Er legte den Pferden Halfter an

und redete beruhigend auf sie ein, während Dr. Wiegand die Vene suchte. Vor der letzten Box in Hesses Stall blieb Peter stehen. Sarah sah, dass er schwer schluckte.

Auch Sarah kam der hübsche Hengst in der Box irgendwie bekannt vor. Sie warf einen Blick auf das Namensschild an der Box: Everest Forever! Natürlich, es war das Pferd auf dem großen Bild in Peters Kammer.

Der Hengst trat an die Tür seiner Box und machte den Hals lang, um seine Gäste zu begutachten. Als er Peter beschnupperte, hielt er inne. Tief unten aus seiner Kehle ertönte ein leises Blubbern.

„Ja, ich habe dich auch vermisst", flüsterte Peter. Er wischte sich über die Augen. Dann griff er geschäftsmäßig nach dem Halfter und streifte es dem Hengst über. Dr. Wiegand entnahm auch ihm eine Blutprobe.

Auf dem Weg zurück zur Klinik sagte niemand ein Wort. Dr. Wiegand brach als Erste das Schweigen. „Ich schicke die Blutproben mit dem Kurier ins Dopinglabor. Dann haben wir morgen schon die Ergebnisse. Aber jetzt sollten wir uns noch um unsere Fälle hier in der Klinik kümmern."

Als sie vor der Marienwaldklinik bremste, erkannte Sarah den alten Jeep von Altdorfer. Er trank im Empfangszimmer seinen Kaffee bei Elsa, während Paula Cala November putzte.

Sarah verschwand sofort in Calas Box und erzählte

Paula aufgeregt von den Untersuchungsergebnissen der Futterproben.

Paula war begeistert. „Ich habe dir doch gleich gesagt, dass wir das so schnell wie möglich machen müssen. Stell dir vor, die Pferde würden weiter alle gedopt werden! Das wäre doch schrecklich."

„Na ja, so wahnsinnig wirksam ist das Zeug wohl auch wieder nicht", meinte Sarah. „Sonst hätten Hesse und Karaseck die Siege ja nur noch unter sich ausgemacht."

Paula lachte. „Das haben sie doch auch! Aber ich glaube, dass das eher an der Qualität ihrer Pferde liegt."

Sie hörten, wie die Tierärztin mit Herrn Altdorfer durch die Stallgasse näher kam. „Heute nehmen wir den Stützverband ab", erklärte Dr. Wiegand. Jetzt entdeckte sie die beiden Mädchen in der Box der Traberstute. „Ach, hier bist du, Sarah! Du kannst mir gleich beim Röntgen assistieren."

Sarah nahm Cala am Führstrick und brachte sie zu dem großen Röntgengerät im vorderen Teil des Stalls. Gespannt sah sie zu, wie die Tierärztin den Stützverband abnahm. Zum Vorschein kam eine dünne Narbe, die Frau Wiegand vorsichtig abtastete. „Das ist sehr gut verheilt. Sie scheint die Schrauben gut zu vertragen." Sie deutete auf einen kleinen, haarlosen Fleck weiter oben am Bein. „Hier ist durch den Gips die kleine Druckstelle entstanden. Das war der Grund für das Fieber vor ein paar Wochen. Aber Sie sehen ja: Auch das ist wieder verheilt." Sie richtete sich auf. „Von außen könnte das alles gar nicht besser aussehen. Dann schauen wir doch mal, was das Röntgenbild sagt."

Sie verteilte die Bleischürzen und richtete das Aufnahmegerät auf die Fessel der kleinen Stute. Sarah brachte die Röntgenplatten hinter der Fessel in Positur. Innerhalb weniger Minuten war das Bein aus allen erdenklichen Winkeln geröntgt worden.

Dr. Wiegand bat alle in das kleine Zimmer mit dem großen Computerbildschirm. Dort waren die vertrauten Bilder mit den hellen Schrauben und grauen Knochen zu sehen. Die Tierärztin betrachtete die Röntgenbilder eine Weile. Mit einem Finger deutete sie auf die Schrauben. „Was wir hier sehen, ist eine sehr gelungene Heilung. Nirgendwo hat sich zu viel Knochensubstanz gebildet. Es verheilt wie im Lehrbuch." Sie lehnte sich zurück. „Wir sollten uns das noch in Bewegung ansehen."

Sie gingen zurück in die Stallgasse, und Sarah klinkte eine Führkette in Calas Halfter ein. Die Stute spitzte ihre langen Ohren, als sie merkte, dass es nach draußen ging. „Geh einmal im Schritt von mir weg und dann wieder auf mich zu!", bat Dr. Wiegand. „Und mach einen weiten Bogen, ich will nicht, dass sie zu eng auf der Fessel dreht."

Sarah führte Cala an der durchhängenden Kette.

Die Stute sah sich neugierig um, machte aber keine Anstalten, zu buckeln oder gar zu steigen.

Die Tierärztin beobachtete sie mit konzentrierter Miene. „Das war schon sehr gut. Im Schritt kann man von der Verletzung nichts mehr erkennen. Jetzt hätte ich gerne, dass du auf der geraden Strecke antrabst – aber ganz vorsichtig. Und vor der Wendung durchparieren."

Sarah schnalzte leise, und Cala lief los. Mit einem Zupfen an der Kette ermahnte Sarah die Stute, dass sie nicht zu schnell werden sollte. Widerwillig schüttelte Cala den Kopf, aber sie gehorchte dann doch und blieb im langsamen Trab.

Vor der Wendung parierte sie die Stute zum Schritt durch und führte sie in einem weiten Bogen zurück zu Dr. Wiegand. Die lächelte breit. Zu Altdorfer gewandt, sagte sie: „Ich denke, Sie müssen sich keine Sorgen machen. Ihre Stute kann bestimmt wieder Rennen laufen. Haben Sie das gerade gesehen? Sie ist ein wenig steif, aber sie belastet das verletzte Bein genauso wie das gesunde. Geben Sie ihr noch ein paar Monate und schicken Sie die Stute nicht zu früh in ein Rennen. Aber mit ein bisschen Glück werden Sie die Championate, von denen Sie geträumt haben, mit ihr gewinnen."

Paula sah die Tierärztin ungläubig an. „Echt wahr?"

Altdorfer umarmte die Tierärztin kurzerhand. „Danke! Darauf habe ich nicht mehr zu hoffen gewagt. Ich konnte mir einfach nicht vorstellen, dass ein Pferd mit einem gebrochenen Bein jemals wieder in den Sport zurückkommt."

Dr. Wiegand hob abwehrend die Hände. „Das klappt auch nicht immer. Aber Ihre kleine Stute war wirklich ein mustergültiger Patient. Viele andere versuchen, ihre Box zu Kleinholz zu schlagen, wenn sie so wenig Auslauf haben. Aber Cala hat ihr Schicksal brav ertragen. Sie muss jetzt übrigens nicht mehr hier in der Klinik bleiben. Ich gebe Ihnen einen Trainingsplan, und dann können Sie Cala mit nach Hause nehmen. Ich komme dann einmal die Woche vorbei und überprüfe, ob auch weiterhin alles gut verheilt."

Altdorfer schien die Tierärztin am liebsten noch einmal umarmen zu wollen. Aber er beherrschte sich und gab ihr stattdessen die Hand. „Noch einmal vielen, vielen Dank. Vielleicht werden unsere Träume ja doch noch wahr ..."

Sarah führte Cala November in ihre Box zurück.

Paula lief neben ihr her. „Es ist wie ein Wunder", flüsterte sie.

„Ja." Sarah lächelte. „Genau das ist übrigens der Grund, warum ich unbedingt Tierärztin werden will. Manchmal kann man kleine Wunder vollbringen."

12

Sarah sah aus dem Fenster. Es regnete. Wieder einmal.

„Ich fand die Sache mit dem Frost praktischer. Da war es wenigstens nur kalt. Jetzt ist es auch noch nass“, maulte sie.

Ihre Mutter sah sie belustigt an. „Keiner zwingt dich, schon wieder in die Klinik zu fahren. Du könntest dir ja auch mal mit Jenny einen netten Abend im Kino machen. Oder ihr leiht euch ein paar DVDs aus.“

Sarah schüttelte den Kopf. „Keine Chance. Heute kommen diese beiden Trabrennfahrer, um sich die Untersuchungsergebnisse abzuholen. Da muss ich dabei sein!“

Ihre Mutter hob die Hände. „War ja nur ein Vorschlag. Ich werde nie verstehen, warum du so viel Zeit in der Klinik verbringen musst. Aber ich scheine dich ja nicht davon abbringen zu können …“

„Richtig!“ Sarah zog sich eine gefütterte Regenjacke über. „Heute könnte es später werden. Ist das in Ordnung?“

Helga Stürmer sah ihre Tochter streng an. „Ich dachte, wir hätten eine Abmachung! Du bleibst höchstens einmal am Wochenende länger in der Klinik, aber nicht an einem Wochentag."

„Ich bleibe ja gar nicht lange in der Klinik", beruhigte Sarah ihre Mutter. „Ben hat heute Geburtstag, und wir gehen zu einem Konzert. Er will zwar eigentlich gar nicht feiern, aber ich finde das dämlich. Immerhin wird er siebzehn!"

Ein Lächeln machte sich auf dem Gesicht ihrer Mutter breit. „Das ist natürlich in Ordnung. Soll ich dich hinbringen – oder abholen?" Sie musterte ihre Tochter. „Du willst doch nicht etwa mit den Klamotten ins Konzert?"

Sarah schüttelte den Kopf. „Nee, keine Sorge. Ich habe etwas anderes zum Anziehen dabei. Und Ben holt mich von der Klinik ab, du musst mich also nirgends hinfahren." Sarah hob ihren Rucksack hoch. „Alles perfekt geplant!"

„Und wohin geht ihr?", wollte Helga Stürmer wissen.

„Keine Ahnung. Ben hat ein großes Geheimnis daraus gemacht. Aber ich hoffe, dass er nichts ausgesucht hat, wofür ich Ohrenstöpsel brauche!" Sarah grinste. „Ich muss los! Tschüss!"

Sie lief hinaus in den Regen, der ihr eiskalt ins Gesicht prasselte. Die letzten Schneereste waren verschwunden. Sarah zog ihr Regencape über und war wenige Minuten später in der Klinik. Keinen Moment zu früh. Noch bevor sie ihr Regenzeug ausgezogen hatte, hielten vor der Klinik die Autos von Karaseck und Hesse. Sarah musste grinsen. Klar, dass die beiden Konkurrenten nicht gemeinsam gekommen waren.

Im Empfangszimmer begrüßten sich alle. Hesse schüttelte Dr. Wiegand die Hand und knurrte: „Und? Ich wette, Sie haben bei meinen Pferden nichts gefunden! Ich habe mit Experten gesprochen – die halten es für unmöglich, dass meine Pferde über das Futter einen verbotenen Stoff aufgenommen haben."

Dr. Wiegand sah ihn ungerührt an. „Dann sollten Sie Ihre Experten wechseln. Ihre Pferde sind alle positiv auf Theobromin getestet worden. Alle."

Hesse wurde bleich und deutete auf Karaseck. „Und bei ihm?"

Die Tierärztin nickte. „Ganz genauso. Vom gerade eingefahrenen Dreijährigen bis zum Champion. Alle positiv." Sie sah die beiden Männer an. „Sie können mit diesen Ergebnissen machen, was Sie wollen. Ich bin nicht dazu verpflichtet, der Rennleitung mitzuteilen, was passiert ist. Aber ich rate Ihnen dazu, bei den Offiziellen mit offenen Karten zu spielen. Und die Mühle Haferkamp zu verklagen. Die Mühle hat ihren neuen Lieferanten einfach nicht gut genug kontrolliert, und das darf nicht sein. Vor allem nicht bei einem Futter, das als Hochleistungsfutter verkauft wird."

Karaseck nickte. „Ich bin dafür. Bei meinem ‚In Extremis' ist es ja auch schon offiziell, dass er gedopt wurde. Da kann es mir nur helfen, wenn ich die Mühle öffentlich anklage." Er wandte sich an Hesse. „Wie sieht es mit dir aus?"

Hesse dachte nach. Sein Gesicht war ausdruckslos. Schließlich blickte er auf. „Ich werde das auch öffentlich machen. Vor einem Jahr hat jeder gedacht, dass Everest nur mit dem Mittel im Blut so gut gelaufen ist. Ich will nicht, dass da irgendetwas haften bleibt." Er stockte. „Vor allem bin ich es Peter schuldig, dass ich endlich aufdecke, was damals passiert ist. Er hat von Anfang an gesagt, dass er dem Hengst nichts Verbotenes gegeben hat. Aber ich habe ihm nicht geglaubt, und er wurde in Schimpf und Schande von der Rennbahn getrieben." Er sah sich um. „Wo ist er eigentlich?"

„Im Stall. Er macht gerade Cala November für den Transport nach Hause fertig", schaltete Sarah sich ein.

„Ich muss mit ihm sprechen!", entschied Hesse. Er verschwand in Richtung Stall.

Unauffällig folgte Sarah ihm. Sie war einfach zu neugierig, was Hesse seinem ehemaligen Pfleger sagen würde.

In der Stallgasse stand Cala, auf beiden Seiten angebunden. Peter bandagierte sie sorgfältig für den Transport. Er musste die Schritte von Hesse hören, aber er sah weiter stur auf die Beine der Stute.

Hesse räusperte sich. „Peter?"

Der Pfleger ergriff die nächste Bandage und machte mit dem zweiten Bein weiter. Immerhin ließ er sich zu einem knappen „Ja?" herab.

Hesse sah auf den Kopf mit dem kurz geschorenen Haar von Peter hinunter. Dann hockte er sich neben ihn.

„Ich habe mit Dr. Wiegand gesprochen. Everest wurde vor einem Jahr durch das Futter gedopt. Genauso wie jetzt ‚In Extremis'." Hesse fuhr sich verlegen mit der Hand durch die Haare. „Ich habe dir vor einem Jahr Unrecht getan, als ich dir vorgeworfen habe, dass du mein Pferd gedopt hättest. Das tut mir leid. Ich hätte wissen müssen, dass du einem Pferd nie etwas gegeben hättest, das ihm schaden könnte. Aber damals gab es keine andere Erklärung für die Blutwerte von dem Hengst. Was hätte ich tun sollen?"

„Länger nachforschen. Mir glauben. Nicht einfach die schnellste Lösung akzeptieren!", sagte Peter mit heiserer Stimme.

Hesse schwieg. „Wie ich schon gesagt habe: Es tut mir leid", sagte er schließlich. „Ich hatte noch nie einen so guten Pfleger wie dich. Möchtest du nicht zu mir zurückkommen?" Hesse deutete die Stallgasse hinunter. „Es kann dir doch nicht genug sein, immer nur kranke Pferde zu versorgen ..."

Peter war mit der vierten Bandage fertig. Zum ersten Mal sah er Hesse in die Augen.

„Sie haben recht. Mir fehlt die Stimmung auf der Rennbahn. Mir fehlt die Spannung, wenn eines ‚meiner‘ Pferde in die Zielgerade einbiegt. Mir fehlt die Arbeit mit hochklassigen Rennpferden.“

Sarah wurde traurig. Würde Peter sie wirklich verlassen? Er war zwar ein alter Stinkstiefel, aber er wusste einfach alles über seine Schützlinge.

„Du kommst also zurück?“, fragte Hesse. Man konnte die Begeisterung in seiner Stimme förmlich hören.

Peter schüttelte den Kopf. „Nein. Hier kann ich mit meinem Wissen kranken Pferden helfen, das ist auch befriedigend. Vielleicht sogar mehr als ein Sieg.“ Er deutete auf Cala November. „Noch vor zehn Jahren wäre ein Pferd mit einer so schweren Verletzung ein Fall für den Metzger gewesen. Jetzt wird sie wieder ein Rennpferd. Ich finde es schön, dazu meinen Teil geleistet zu haben.“ Er erhob sich. „Aber viel wichtiger ist: als ich vor einem Jahr auf der Straße stand, hat Dr. Wiegand mir diese Stelle angeboten. Sie hat den Gerüchten auf der Rennbahn nicht geglaubt, sondern nur gesehen, wie ich mich um Everest während seiner Krankheit gekümmert habe. Das war für sie Grund genug, mich einzustellen. Und jetzt hat sich sogar Sarah dafür eingesetzt, dass endlich rauskommt, was damals wirklich passiert ist. Solche Menschen würde ich nie verlassen …“

Sarah schluckte. Peter war nach außen hin ein echter Brummbär, aber er mochte sie wohl mehr, als er zeigte.

„Hast du dir das gut überlegt?“, fragte Hesse noch einmal nach.

Peter nickte nachdrücklich. „Ja. Hier in der Marienwaldklinik werde ich wirklich gebraucht.“

Sarah verschwand, als Hesse wieder zurück zu den anderen stapfte.

Erst als die Fahrer den Stall verlassen hatten, ging sie zurück in die Stallgasse. Peter legte Cala November gerade eine Decke über. Er schien zu merken, dass sie hinter ihm stand. Ohne sich umzudrehen, sagte er: „Du sollst keine Gespräche belauschen. Hilf mir lieber, sie nach draußen zu bringen. Die Altdorfers sind schon da, um sie abzuholen.“ Er drehte sich um und streckte ihr plötzlich seine Hand entgegen. „Vielen Dank für deine Hilfe. Es bedeutet mir viel, dass ich mich endlich auf der Rennbahn wieder sehen lassen kann.“

Bevor Sarah etwas sagen konnte, wandte er sich schon wieder um und schloss eine Schnalle an der Decke. Dann drückte er ihr den Führstrick in die Hand. „Bring du sie raus.“

Sarah nickte und führte die Stute auf den Hof. Neben dem alten Jeep und dem mindestens ebenso alten Hänger standen Altdorfer und seine Tochter und strahlten um die Wette. Sarah führte Cala November auf den Transporter und band sie fest. Herr Altdorfer schloss die Rampe hinter ihnen.

Paula umarmte Sarah. „Danke!“

„Ich habe doch gar nichts gemacht!“, wehrte Sarah ab. „Aber wenn Cala ihr erstes Rennen läuft, musst du mich anrufen. Da will ich dabei sein!“

„Mache ich!“, versprach Paula und kletterte neben ihren Vater in den Jeep.

Sarah sah dem Gespann nach, als es vom Hof rumpelte. Sie warf einen Blick auf die Uhr: Mist, Ben wollte sie schon in ein paar Minuten abholen!

Sie nahm ihren Rucksack und verschwand auf der Toilette. In Windeseile schlüpfte sie aus ihren Stallklamotten und zog eine schwarze Jeans und einen dunkelgrünen Pullover mit V-Ausschnitt an. Sie bürstete sich die Haare und sah prüfend in den Spiegel. Über dem grünen Pullover leuchteten ihre roten Haare geradezu. Und auf der blassen Winterhaut war jede einzelne Sommersprosse deutlich zu sehen. Sie schnitt sich selber eine Grimasse. Sie wollte heute ja nicht zu einem Schönheitswettbewerb antreten.

Da hörte sie schon Bens tiefe Stimme. Sie stürmte aus der Toilette und rannte ins Empfangszimmer. Ben lümmelte auf einem der Stühle und plauderte mit seiner Mutter. Sarah strahlte ihn an. „Alles Gute zum Geburtstag!“ Sie drehte sich einmal um die eigene Achse. „Wie gewünscht: Jeans, Pullover und keine Pferdehaare.“ Sie sah ihn gespannt an. „Sagst du mir jetzt, wo wir hingehen?“

Ben stand auf und grinste. „Gleich, ich verrate es dir unterwegs!“

Zum Glück regnete es ausnahmsweise einmal nicht. Sie schwangen sich auf ihre Fahrräder. Ben dirigierte sie Richtung Innenstadt. „Jetzt rück schon endlich raus, wo es hingehen soll!“, sagte Sarah ungeduldig.

Aber Ben ließ sich nicht erweichen. „Du wirst es noch rechtzeitig erfahren!“ Schwungvoll bog er in eine schmale Nebengasse ein. Sarah konnte ihm gerade noch folgen. Wenig später hielt er vor einer kleinen Wirtschaft. Sarah war überrascht. Hier sollte ein Konzert stattfinden? Wohl kaum.

Sie folgte Ben nach drinnen. Noch waren keine Gäste da. Auf einer kleinen Bühne waren drei Jungs damit beschäftigt, ihre Instrumente aufzubauen. Der Drummer sah auf und erspähte die Neuankömmlinge. Er puffte seinem Nachbarn in die Seite, und wie auf ein Kommando drehten sich alle drei um und stimmten ein „Happy Birthday!“ an. Es war eher laut als schön.

Ben winkte ab. „Hey, ich dachte, wir haben uns darauf geeinigt, dass ihr mir das Singen überlasst.“

Alle lachten. Sarah begrüßte Leon, Fynn und Jan, die Mitglieder von Bens Band. „Hallo! Ich habe mich noch gar nicht für die tolle Quadrillenmusik bedankt. Echt klasse, was ihr da für uns gemacht habt!“ Sie sah sich um. „Was wird das? Tretet ihr heute Abend etwa hier auf?“

Ben nickte. „Heute machen wir unseren ersten Unplugged-Auftritt. Wenn wir gut ankommen, dürfen wir künftig jeden Freitag hier auf der Bühne stehen. Ist das nicht cool?" Er grinste. „Dein Job ist heute also der Ein-Mann-Fanclub. Kriegst du das hin?"

Sarah lachte. „Klar, das muss ich auch nicht spielen. Ich bin ja wirklich Fan." Sie sah auf ihre Uhr. „Und wann geht's los?"

Jan machte eine Handbewegung in Richtung der leeren Tische. „Wenn es ein bisschen voller ist, würde ich sagen … falls es überhaupt voller wird!"

Sarah deutete auf die Instrumente. „Braucht ihr noch Hilfe? Ich habe zwar keine Ahnung davon, aber ich lerne echt schnell!"

Alle vier schüttelten den Kopf, und Ben zeigte auf einen Tisch direkt neben der Bühne. „Setz dich einfach nur hin und genieß den Abend, okay?"

Sarah bestellte eine Pizza und eine Apfelschorle. Als sie gemütlich kauend in der Ecke saß, hatte sie plötzlich eine Idee. Unauffällig griff sie nach ihrem Handy und tippte eine SMS an Jenny ein. Jetzt würde die kleine Wirtschaft bestimmt nicht leer bleiben …

Und sie sollte recht behalten. Nur eine knappe halbe Stunde später flog die Tür zu dem immer noch leeren Gastraum auf, und Jenny kam mit drei Freundinnen herein. „Wir sind die Fanclub-Verstärkung!", trompetete sie, klaute das letzte Stück kalte Pizza von Sarahs Teller und zwinkerte der Freundin zu. Sie murmelte: „Es kommen noch mehr. Ich habe allen aus dem Stall und der Schule Bescheid gesagt."

Tatsächlich öffnete sich die Tür bald im Minutentakt. Sarah war überrascht, wie viele Leute Jenny kannte.

Als Morgenstern anfing zu spielen, war die Hälfte der Tische besetzt. Ganz ohne Verstärker fand Sarah die Songs fast noch besser als sonst. Sie summte die Lieder mit, die sie von den Proben schon kannte, und jubelte der Band nach jedem Stück zu.

Als sie sich in der ersten Pause umsah, stellte sie fest, dass der kleine Raum inzwischen bis zum letzten Platz gefüllt war. An der Bar standen sogar schon ein paar, die keinen Sitzplatz mehr bekommen hatten. Sarah beugte sich zu Jenny hinüber. „Das hast du toll gemacht!“

Jenny lachte. „Von mir ist nur knapp die Hälfte. Der Rest muss von selbst den Weg hierher gefunden haben. Irgendwann werden wir bestimmt Plätze reservieren müssen, um so nah an der Bühne sitzen zu können!“

Strahlend kam Ben zu ihnen. „Das macht echt Spaß!“

Sarah nickte. „Du hättest dir kein schöneres Konzert aussuchen können …“

„Dabei hast du die zweite Hälfte noch gar nicht gehört.“ Ben verschwand wieder auf die Bühne.

Er hatte nicht zu viel versprochen. Nach dem letzten Lied wollten die Zuschauer unbedingt noch eine Zugabe. Ben kam alleine mit seiner Gitarre auf die

Bühne. „Vielen Dank, ich freue mich über alle, die heute hier waren. Das hier ist endgültig das letzte Lied des Abends. Es ist ganz neu. Viel Spaß!"

Sarah erkannte es sofort. Es war die Melodie ihrer Quadrille. Aber jetzt hatte es einen anderen Text und einen eingängigen Refrain – es war ein echtes Lied geworden. Die Zuschauer beklatschten es begeistert.

Danach leerte sich das kleine Wirtshaus schnell. Sarah wartete, bis die Jungs ihre Instrumente zusammengepackt hatten. Ben schnallte sich seine Gitarre auf den Rücken.

„Ich bringe dich nach Hause!"

Nebeneinander fuhren sie durch die dunkle Nacht. Viel zu schnell erreichten sie das Haus der Stürmers. Beim Abschied sah Sarah Ben fragend an. „Und? Wie hat sich dein Geburtstag dieses Mal angefühlt?"

Statt einer Antwort nahm Ben sie in den Arm und drückte sie fest an sich. Sarah spürte seinen kratzigen Pullover an ihrem Gesicht. Dann ließ er sie abrupt los und schwang sich auf sein Fahrrad.

Bevor Sarah auch nur ein Wort sagen konnte, verschwand das Rücklicht seines Fahrrades in der Dunkelheit.

Sarah sah ihm hinterher, bis ihr kalt wurde. Als sie die Treppe zu ihrem Zimmer hochstieg, summte sie leise das neue Lied vor sich hin. Am liebsten hätte sie laut gesungen, aber davon wären ihre Eltern um diese Uhrzeit vermutlich nicht begeistert gewesen …

13 Aus der Halle ertönte die Musik für die Dressur-Quadrille, die direkt vor ihnen dran war. Die acht Mädchen vom Arnoldhof holten tief Luft. Gleich ging es los.

„Und jetzt freuen wir uns auf die Springquadrille, eine Vorführung der Reiterinnen vom Arnoldhof!", trompetete der Hallensprecher. Sarahs Hände fühlten sich eiskalt an. Da ertönte von hinten ein leises Stimmchen. Solveig. „Also, falls das hier nicht so toll klappt ..."

„Was sollte denn jetzt nicht klappen!", fuhr Jenny sie an. „Und überhaupt, jetzt ist es ein bisschen spät für einen Rückzieher!"

„Ich meine ja nur", piepste Solveig. „Ich wollte mich bei euch nur jetzt schon bedanken, dass ich mitmachen durfte. Ich weiß, dass ihr das nur gemacht habt, weil meine Mutter darauf bestanden hat. Wo ich doch im letzten Herbst abgehauen bin ..."

„Blödsinn", meinte Jenny. „Natürlich war das nicht gut. Aber du konntest ja wohl nichts dafür. Hauptsache, du reitest jetzt ordentlich!"

„Ich versuch's!", versprach Solveig.

Frank gab ihnen das vereinbarte Zeichen, und Lady

betrat als Erste die Halle, während die Musik ertönte.

Direkt vor Sascha lief Lavinia, so wie bei jedem Training. Alle Pferde hatten Mähne und Schweif eingeflochten, und die Mädchen trugen weiße Reithosen und schwarze Pullis. Sarah schielte nach unten. Mit einem feuchten Lappen war es ihr tatsächlich gelungen, die gelben Flecken in Saschas Fell zu entfernen. Trotzdem sah ihr Pony mit seinem dicken Winterpelz eher aus wie eine Mischung zwischen Eisbär und Esel. Mit Sascha war im Winter kein Staat zu machen, sein Pelz verdeckte seine sportliche Figur. Immerhin trug er eine weiße Schabracke, die Sarah sich von Jenny ausgeliehen hatte. Doch bevor Sarah sich weitere Gedanken um ihr Pony machen konnte, ging es richtig los.

Hintereinander trabten sie in die Halle des Waldhofes, die jetzt festlich geschmückt war. Die Bande war mit dunkelblauem Tuch verkleidet, in den Ecken standen Töpfe mit Plastikblumen, die die Pferde misstrauisch beäugten. Die Tribüne war bis auf den letzten Platz besetzt, aber Sarah wagte es nicht, länger die Reihen abzusuchen. Sie musste ihr Pony und die anderen Pferde im Auge behalten und hoffen, dass keines vor den Menschen oder der Dekoration scheute.

Sie marschierten nebeneinander auf. Als die Quadrille komplett zum Gruß dastand, verebbte die Musik. Sie grüßten, und schon setzte die Musik wieder ein. Sarah konzentrierte sich. Erst hintereinander über die

Sprünge, dann gegeneinander, dann nebeneinander. Dazwischen immer wieder kreuzen. Die sechs Pferde und die beiden Ponys bewegten sich einfach perfekt zum Rhythmus der Musik. Sarah kam es vor wie ein Traum, als sie alle hintereinander galoppierten und in einer Reihe auf den letzten Steilsprung zusteuerten. Lavinia setzte ohne zu zögern darüber, und Sarah drückte ihre Schenkel fest an Saschas runden Bauch. Brav sprang er genau über die Mitte. Als sie danach aufmarschierten, klopfte Sarah ihrem Pony begeistert den Hals.

Jetzt endlich wagte sie es auch, länger ins Publikum zu sehen. Sie konnte es kaum glauben: Da waren Altdorfer und Paula, die ihr begeistert zujubelten. Daneben saß Marc. Und Dr. Wiegand und Elsa. Und sogar Peter winkte ihr zu! Sarah grinste stolz.

Ihre Eltern saßen ganz vorne neben Saschas Besitzerin Frau Andres und klatschten wie wild. Weiter rechts saßen die Jungs von Morgenstern. Jan, Leon und Fynn applaudierten. Ben hielt den Daumen hoch und lächelte. Sarah strahlte ihn an, während sie zu donnerndem Applaus aus der Halle ritten. Er wollte sie nachher zu Hause abholen. Sie freute sich jetzt schon darauf.

Danksagung

Die Marienwaldklinik würde es nicht geben ohne die komplette Belegschaft der „Tierärztlichen Klinik für Pferde“ in Parsdorf (www.pferdeklinik-in-parsdorf.de). Allen voran natürlich Dr. Susanne Blessing, die mir mit viel Geduld die Geschehnisse auf der Trabrennbahn in Daglfing zeigte und von dem Dopingfall mit Theobromin erzählte. Denn auch bei den echten Trabrennpferden war am Ende nur ein Futter daran schuld.

Seitdem die Bücher um Sarah und die Marienwaldklinik Gestalt annahmen, durfte ich immer wieder Gast in der Klinik sein, habe die echten Fälle und die Fürsorge aller Angestellten der Klinik um ihre Schützlinge miterlebt.

Fachliche Fehler gehen natürlich voll und ganz zulasten der Autorin.

Glossar

Abschwitzdecke: Eine Decke für den Pferdekörper, meist aus Fleece, die durchlässig für den Schweiß ist, aber das Pferd warm hält. Das Pferd kann unter der Decke trocknen, ohne dass ihm kalt wird. Das ist besonders im Winter wichtig, wenn ein Pferd sein dickes Winterfell nass geschwitzt hat – oder wenn es geschoren ist und immer eine Decke tragen sollte (außer bei der Arbeit).

Braunschecke: Ein Pferd oder Pony, dessen Grundfarbe braun mit unterschiedlich großen weißen Flecken ist. Dazu kommen schwarze Beine, eine schwarze Mähne und ein schwarzer Schweif – so wie bei jedem Braunen.

Fessel: Das ist der schmale Knochen zwischen Fesselkopf und Hufkrone.

Fohlenwagen: Einachsiger, zweirädriger Wagen, der für das Training von Trabrennpferden benutzt wird. Er hat meistens zwei Sitze, einen Spritzschutz und wiegt mehr als ein Rennsulky.

Heat: Aufwärmrunden für Trabrennpferde vor dem Rennen

Overcheck: Auch Aufsatzzügel genannt. Ein Zügel, der zwischen den Ohren am Mähnenkamm entlang läuft und in das Geschirr eingehakt wird. Damit kann das Pferd den Kopf nicht senken. So soll verhindert werden, dass der Traber angaloppiert. Früher (z. B. bei „Black Beauty“) war die hohe Kopfhaltung ein Schönheitsideal. So oder so: Es ist nicht gesund für den Rücken, wenn die Pferde sich nicht nach unten dehnen können.

Quadrille: Eine gerade Anzahl von Pferden, die zu Musik einstudierte Figuren gehen. Das kann als Dressur- oder Springquadrille geschehen. Bei der Weltmeisterschaft 2006 in Aachen wurde die bisher größte Quadrille aller Zeiten gezeigt: Mit 64 Hengsten aus den unterschiedlichen Landgestüten.

Scheren: Wenn ein Pferd im Winter viel geritten wird, kann man das dicke Fell auch kurz rasieren, also scheren. Dann schwitzt das Pferd nicht so stark. Für das Scheren gibt es verschiedene Muster: viele Sportreiter scheren das gesamte Fell ab und lassen nur eine „Satteldecke“ stehen. Möglich ist auch eine „Streifenschur“, bei der nur die stark schwitzenden Bereiche am Hals und an den Flanken vom Fell befreit werden. Ein bisschen mehr wird beim Jagdschnitt entfernt – aber auch hier bleibt ein Teil des Fells stehen, damit das Pferd bei Ausritten geschützt ist. Der Nachteil des

Scherens: Ein voll geschorenes Pferd muss in der Box stehen – Vollschur und Offenstall vertragen sich nicht gut.

Sedation: Wenn ein Pferd sediert wird, erhält es ein Beruhigungsmittel. Das kann eine Spritze oder eine Paste sein – oder auch ein Granulat, das über das Futter verabreicht wird. Pferde müssen beruhigt werden, wenn z. B. der Tierarzt eine unangenehme Behandlung durchführt.

Sulky: Einachsiger, zweirädriger Wagen, der für Trabrennen benutzt wird. Er wiegt höchstens 30 kg und hat nur einen einzigen Sitz.

Traber: Eine Pferderasse, die speziell für Trabrennen gezüchtet wird. Der moderne Traber ist das Ergebnis einer zielgerichteten Pferdezucht über viele Generationen hinweg. In der Regel sind Traber gutartig, menschenfreundlich und nervenstark – was sie zu idealen Freizeitpferden macht. Und natürlich können Traber auch galoppieren.

Transportgamaschen: Sehr hohe, weich gepolsterte Gamaschen, die ein Pferd für den Transport im Lkw oder im Hänger an den Beinen trägt. Sie sollen verhindern, dass ein Pferd, wenn es aus dem Gleichgewicht gerät, sich selber gegen das Bein tritt und verletzt. Viele Profis schwören auch auf Transportbandagen; diese sind aber sehr viel aufwändiger anzulegen.

Winterdecke: Wenn man vermeiden möchte, dass ein Pferd sehr dickes Winterfell bekommt, muss man es eindecken. Damit fängt man meist im September an; mit einer dünnen Decke. Eine Winterdecke ist auch dann nötig, wenn ein Pferd geschoren ist.

Abenteuer mit dem schwarzen Hengst

BLITZ

von Walter Farley

Band 1	Blitz, der schwarze Hengst	ISBN 978-3-505-12343-6
Band 2	Blitz kehrt heim	ISBN 978-3-505-12344-3
Band 3	Blitz schickt seinen Sohn	ISBN 978-3-505-12345-0
Band 4	Blitz und Vulkan	ISBN 978-3-505-12346-7
Band 5	Blitz bricht aus	ISBN 978-3-505-12347-4
Band 6	Blitz legt los	ISBN 978-3-505-12418-1
Band 7	Blitz sucht seinen Vater	ISBN 978-3-505-12419-8

www.schneiderbuch.de
Die coolste Seite für junge Leseratten
Kleine Hexe ganz groß
MÄDCHEN
PFERDE
HUI BUH
FILM-BÜCHER
IN LONDON
ABENTEUER
DISNEY
Hanni und Nanni
Das Rätsel um die Neue
KLASSIKER
Hier findet ihr:
- eure Lieblingsschmöker
- Leseproben
- Gewinnspiele
- und vieles mehr!
THOMAS BREZINA
Amy Angel
UGENDROMANE
www.schneiderbuch.de
EGMONT
Verlagsgesellschaften
Schneider Buch
EGMONT